Für meine Emily

Stb

Iwona Porozynski wurde 1955 in Bromberg, Polen, geboren. Seit über zehn Jahren beschäftigt sie sich mit Lenormand- und Tarotkarten sowie mit der Traumdeutung, die in ihrer Familie eine lange Tradition hat, und mit Engeln. Zu diesen Themen hat sie schon einige Bücher in polnischer und deutscher Sprache veröffentlicht.

Diese Buch verbindet die Technik des Kartenlegens mit der Astrologie und bietet dem Leser so eine Möglichkeit, eine energetische Momentaufnahme seines seelischen Weges zu erhalten, außerdem gibt das Orakel Hinweise darauf, welche Aufgaben und Ereignisse in naher Zukunft anstehen oder auf ihn zukommen können.

Iwona Porozynski

Das astrologische Orakel

Das Arbeitsbuch zu den Lenormand-Karten

Stb

ISBN 3-89767-513-7
Ab 2007: ISBN 978-3-89767-513-1

1. Auflage

Abbildung der Lenormand Wahrsage-Karten Nr. 1320/1 mit freundlicher Genehmigung der Firma ASS Altenburger und Stralsunder Spielkarten-Fabriken, Leinfelden.

Umschlaggestaltung: Murat Karaçay
Redaktion und Satz: Elke Truckses
Herstellung: Reyhani Druck und Verlag, Darmstadt

www.schirner.com

Inhaltsverzeichnis

Einführung 9

Die Häuser des Tierkreises im Überblick 11

Legetechnik 16

Deutungsteil 19

Karte Nr. 1 – Der Reiter – Herz-9 19

Karte Nr. 2 – Das Kleeblatt – Karo-6 29

Karte Nr. 3 – Das Schiff – Pik-10 37

Karte Nr. 4 – Das Haus – Herz-König 45

Karte Nr. 5 – Der Baum – Herz-7 53

Karte Nr. 6 – Die Wolken – Kreuz-König 61

Karte Nr. 7 – Die Schlange – Kreuz-Dame 69

Karte Nr. 8 – Der Sarg – Karo-9 77

Karte Nr. 9 – Der Blumenstrauß – Pik-Dame 85

Karte Nr. 10 – Die Sense – Karo-Bube 93

Karte Nr. 11 – Die Rute – Kreuz-Bube 101

Karte Nr. 12 – Die Vögel – Karo-7 109

Karte Nr. 13 – Das Kind – Pik-Bube 117

Karte Nr. 14 – Der Fuchs – Kreuz-9 125

Karte Nr. 15 – Der Bär – Kreuz-10 133

Karte Nr. 16 – Die Sterne – Herz-6 141

Karte Nr. 17 – Die Störche – Herz-Dame 149

Karte Nr. 18 – Der Hund – Herz-10 157

Karte Nr. 19 – Der Turm – Pik-6 165

Karte Nr. 20 – Der Garten – Pik-8 173

Karte Nr. 21 – Der Berg – Kreuz-8 181

Karte Nr. 22 – Die Wege – Karo-Dame 189

Karte Nr. 23 – Die Mäuse – Kreuz-7 197

Karte Nr. 24 - Das Herz – Herz-Bube 207

Karte Nr. 25 – Der Ring – Kreuz-As 215

Karte Nr. 26 – Das Buch – Karo-10 223

Karte Nr. 27 – Der Brief – Pik-7 231

Karte Nr. 28 – Der Herr – Herz-As 239

Karte Nr. 29 – Die Dame – Pik-As 247

Karte Nr. 30 – Die Lilie – Pik-König 255

Karte Nr. 31 – Die Sonne – Karo-As 263

Karte Nr. 32 – Der Mond – Herz-8 271

Karte Nr. 33 – Der Schlüssel – Karo-8 279

Karte Nr. 34 – Die Fische – Karo-König 287

Karte Nr. 35 – Der Anker – Pik-9 295

Karte Nr. 36 – Das Kreuz – Kreuz-6 303

Lenormand und Astrologie – Zusammenhänge ... 311
Beispiel 312

Einführung

Mit diesem Buch möchte ich Ihnen ein sehr interessantes Legesystem vorstellen, das die Lenormandkarten auf einzigartige Art und Weise mit Astrologie verbindet. Ich nenne es »Das Astrologische Orakel«, weil man mit dieser Legetechnik richtig orakeln und die Geheimnisse des Lebens deuten und lesen kann.

»Das Astrologische Orakel« öffnet uns die Augen für die Gegenwart, für das Leben hier und jetzt und gibt auch Einblick in die unmittelbare Zukunft. Die gezogenen Karten zeigen die wesentlichen Erfahrungen und Ereignisse, die sich im nächsten Monat, in ein paar Monaten oder am Ende des Jahres ereignen werden. Vor jeder Legung müssen Sie die Zeitspanne, über die Auskunft gegeben werden soll, selbst bestimmen.

Diese Legemethode setzt keinerlei Vorkenntnisse voraus. Aus dem Lenormandkartendeck werden zwölf Karten gezogen, die den zwölf Häusern des Tierkreises zugeordnet werden. Die gezogenen Karten stehen für verschiedene Himmelskörper, jedoch ist die eigentliche Lenormandkarte ausschlaggebend, die in Verbindung mit der Aufgabe des jeweiligen Hauses gedeutet wird.

Im Deutungsteil des Buches können Sie die entsprechenden Aussagen nachschlagen.

»Das Astrologische Orakel« eignet sich hervorragend zur umfassenden Lenormandbefragung, dabei dürfen Sie jedoch nicht vergessen, daß Sie alle Entscheidungen im

Leben selbst zu treffen haben. Aber die Umstände und der Augenblick, in denen wir Entscheidungen treffen müssen, können durch diese Legemethode gedeutet werden.

Die Karten erlauben Ihnen, vage Voraussagen zu machen. Sie verraten sehr viel über unseren Charakter und geben auch einen Einblick in die nahe Zukunft, ähnlich einem Geburtshoroskop, das in der Astrologie ein Spiegel der Persönlichkeit ist.

Bei der Arbeit mit dem Buch wünsche ich Ihnen von ganzem Herzen viel Spaß!

Iwona Porozynski

Die Häuser des Tierkreises im Überblick

Die Häuser des Tierkreises beziehen sich auf das Sein und das materielle Leben, die Integration des einzelnen in die Gesellschaft und seine Anpassung an individuelle Bedürfnisse. Manche Häuser sagen mehr über die Natur des Lebens des einzelnen aus, andere verraten mehr über seine irdische Existenz. Bei der Interpretation eines Horoskops spielen sie eine sehr wichtige Rolle.

Im Deutungsteil wird jede einzelne Lenormandkarte in allen zwölf Häusern besprochen. Sie wird, soweit das möglich ist, mit einem Planeten verglichen, bekommt eine astrologische Entsprechung und wird in einer bestimmten Kombination gedeutet. Dabei wird die eigentliche Bedeutung jeder Karte immer mit berücksichtigt.

Die zwölf Häuser:

Das erste Haus

Das erste Haus gibt uns Auskunft über das echte und scheinbare Wesen des Individuums, über die echte Natur des Ichs. Das ist die Persona, das Ego, die Maske, die man trägt, die eigene Persönlichkeit, die Art, wie ein Mensch »ich« sagt, wie man sich ausdrückt. Das Haus offenbart das Temperament, die äußere Erscheinung. Das ist das Haus des Widders, der unser Zodiak öffnet und somit den Anfang symbolisiert.

Das zweite Haus

Das zweite Haus ist als »Finanzhaus« bekannt, hat mit Erwerb und Besitz, mit Anhäufen und Horten zu tun. Das Haus zeigt, wie man sich ein Einkommen, ein Dach über dem Kopf, einen Platz im Leben sichert. Ob wir uns im Leben abmühen müssen oder ganz leicht zu Geld kommen werden, hängt von diesem Haus ab. Das ist das Haus des Stiers, und alle Eigenschaften, die man ihm zuschreibt, werden hier Ausdruck finden.

Das dritte Haus

In diesem Haus kommuniziert der Mensch mit anderen. Jede Form von schriftlichem oder verbalem Austausch, ob privat oder beruflich, gehören in dieses Haus. Lernen, verstehen, Stellung nehmen, das sind die Hauptthemen des dritten Hauses. Wir befinden uns im Bereich des Mentalen und des Denkens, hier findet man alle Eigenschaften, die Merkur und seinen Kindern - den Zwillingen - zugeschrieben werden.

Das vierte Haus

Das vierte Haus gibt uns Auskunft über die Wurzeln und die Herkunft des Menschen. Bekannt als Haus der Familie, gibt es uns Aufschluß über die häuslichen Verhältnisse, manchmal auch über die Gründung einer eigenen Familie. Dieses Haus ist ein Zufluchtsort, an dem man zu seinen eigenen Quellen zurückkehren kann. Es ist das Haus des Krebses und seines Herrschers, des Mondes.

Das fünfte Haus

Das fünfte Haus ist bekannt als »Vergnügungshaus und Kinderhaus«. Es gibt uns Auskunft über die Freuden des Lebens. Auch die eigene Sexualität ist dem fünften Haus zugeordnet. Man hat den Wunsch, zu gefallen, will erobern und begehren. Auch die Liebe, die man seinen eigenen Kindern entgegenbringt, gehört hierher. Das ist das Haus des Löwen und seines Herrschers, der Sonne.

Das sechste Haus

Das sechste Haus ist bekannt als Haus der Arbeit und der Gesundheit. Hier werden wir mit der täglichen Realität konfrontiert, mit dem praktischen und materiellen Leben. Das sechste Haus steht für das Gewohnte, Geregelte, Durchorganisierte, für Selbstdisziplin, für Bedürfnisse, die wir uns selbst geschaffen haben. Man sagt, daß wir Gewohnheitsmenschen sind, und wir hängen sehr oft schlechten Gewohnheiten nach, wie rauchen, Alkohol trinken etc. Hier sieht man die persönliche Einstellung zur Arbeit und den gesundheitlichen Zustand. Es ist das Haus der Jungfrau.

Das siebte Haus

Das siebte Haus ist bekannt als Haus der Partnerschaften, dabei sind alle Arten von Beziehungen gemeint, sowohl die beruflichen als auch die intimen. Es ist enorm wichtig, wie wir uns der Außenwelt anpassen und wie wir mit anderen umgehen, darüber werden wir in diesem Haus bestens informiert. In diesem Haus hat die Waage ihren Sitz, unter der Herrschaft der Venus.

Das achte Haus

Das achte Haus wird mit Zerstörung und Zerstreuung in Verbindung gebracht. Der Mensch ist fähig, alles zu zerstören und wegzuwerfen, er kann sich leicht trennen und sich loslösen, aber er ist auch fähig sich zu regenerieren. Aus diesem Haus erfahren wir, wie jemand auf große Krisen reagiert, wie er sich regeneriert und wieder Kraft schöpft. Das Haus betrifft auch das Thema Tod und alles, was damit verbunden ist, wie z.B. Begräbnisse, Testamente, Erbschaften etc. Gemeinsame Güter – geerbtes Geld, Alimente, Steuern, Geld aus Versicherungen gehören auch hierher. Das ist das Haus des Skorpions, der selbstzerstörerisch wirken kann, aber auch die Macht besitzt, sich zu erneuern und sich wie der Phönix aus der Asche zu erheben.

Das neunte Haus

Das neunte Haus ist bekannt als Haus der Reisen, gemeint sind weitere Reisen, weite Reiseziele und Abenteuer. Der Mensch hat den Wunsch, andere Länder und Kulturen, andere Sitten und Gebräuche kennenzulernen. Er will seinen geographischen, geistigen und spirituellen Horizont erweitern. Das Haus steht für den höheren Geist, das philosophische, das Spirituelle und das Außergewöhnliche, aber auch für die Interessen und für Bildung im allgemeinen. Der Schütze hat in diesem Haus seinen Sitz, unter der Herrschaft des Jupiters.

Das zehnte Haus

Das zehnte Haus ist bekannt als Haus der Berufung. Es zeigt uns, wie wir unsere Aufgabe in der Welt sehen, welchen Interessen und Hobbys wir nachgehen, welchen Beruf wir uns wünschen oder suchen. Aus diesem Haus kann man auch unser Bedürfnis nach Unabhängigkeit und Anerkennung ablesen und ob unsere Ambitionen sich erfüllen werden oder nicht. Welche Stellung wir im Leben erreichen, hängt in erster Linie von uns selbst ab, aber auch von möglichen Umständen, die in diesem Haus ersichtlich sind. Das ist das Haus des Steinbocks, der immer höher hinauswill.

Das elfte Haus

Das elfte Haus ist bekannt als Haus der Freunde. Es gibt uns Auskunft über die Einstellung zur menschlichen Gemeinschaft, über Gedankenaustausch und die Denkfähigkeit. Wir sind im Bereich der Hoffnungen und Pläne, die den Menschen antreiben, die Gegenwart zu verlassen und sich der Zukunft zu widmen. Das ist das Haus des Wassermanns, der geistig sehr unabhängig ist und immer nach Freiheit strebt.

Das zwölfte Haus

In diesem Haus steht das Spirituelle im Vordergrund. Man sollte sich dem Ungewöhnlichen öffnen. Der Mensch hat die Möglichkeit, auch in sich selbst, in aller Ruhe und Stille, in den Träumen dem Außergewöhnlichen zu begegnen. Man sollte zu sich finden und im Einklang mit sich selbst leben. Das zwölfte Haus ist das Haus der Fische, die unseren Tierkreis und Zodiak als letzte schließen.

Legetechnik

Auch wenn Sie die Lenormandkarten zum allerersten Mal in der Hand halten, können Sie gleich beginnen, sich die Karten zu legen.

1. Mischen Sie alle Karten gründlich, und breiten Sie sie verdeckt, wie einen großen Fächer, vor sich aus.

2. Ziehen Sie jetzt zwölf Karten Ihrer Wahl aus dem Spiel, und legen Sie sie in einem Kreis folgendermaßen:

- Legen Sie die erste Karte aufgedeckt auf die linke Seite, auf die 9 eines imaginären Zifferblatts, die Karte befindet sich im ersten Haus des Tierkreises.

- Legen Sie die zweite Karte aufgedeckt auf die 8 eines imaginären Zifferblatts, die Karte befindet sich im zweiten Haus des Tierkreises.

- Legen Sie die dritte Karte aufgedeckt auf die 7 eines imaginären Zifferblatts, die Karte befindet sich im dritten Haus des Tierkreises.

- Legen Sie die vierte Karte aufgedeckt auf die 6 eines

imaginären Zifferblatts, die Karte befindet sich im vierten Haus des Tierkreises.

- Legen Sie die fünfte Karte aufgedeckt auf die 5 eines imaginären Zifferblatts, die Karte befindet sich im fünften Haus des Tierkreises.

- Legen Sie die sechste Karte aufgedeckt auf die 4 eines imaginären Zifferblatts, die Karte befindet sich im sechsten Haus des Tierkreises.

- Legen Sie die siebte Karte aufgedeckt auf die 3 eines imaginären Zifferblatts, die Karte befindet sich im siebten Haus des Tierkreises.

- Legen Sie die achte Karte aufgedeckt auf die 2 eines imaginären Zifferblatts, die Karte befindet sich im achten Haus des Tierkreises.

- Legen Sie die neunte Karte aufgedeckt auf die 1 eines imaginären Zifferblatts, die Karte befindet sich im neunten Haus des Tierkreises.

- Legen Sie die zehnte Karte aufgedeckt auf die 12 eines imaginären Zifferblatts, die Karte befindet sich im zehnten Haus des Tierkreises.

- Legen Sie die elfte Karte aufgedeckt auf die 11 eines imaginären Zifferblatts, die Karte befindet sich im elften Haus des Tierkreises.

- Legen Sie die zwölfte Karte aufgedeckt auf die 10 eines imaginären Zifferblatts, die Karte befindet sich im zwölften Haus des Tierkreises.

Somit ist unser Tierkreis abgedeckt. Jede gezogene Karte betrachten Sie wie einen Planeten, im Deutungsteil können Sie die richtigen Voraussagen nachschlagen.

Zur Orientierung das Schema:

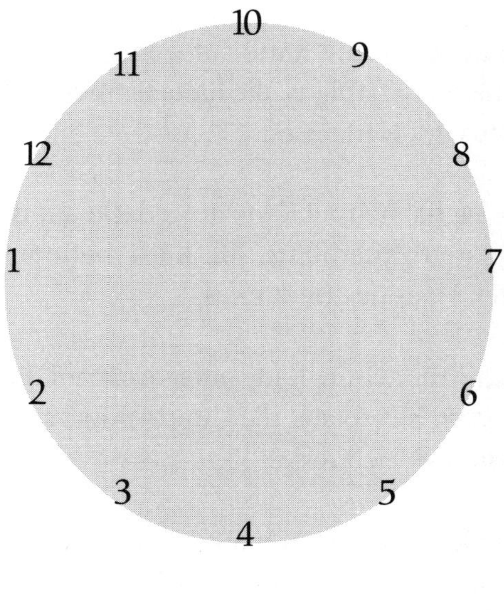

Deutungsteil

Karte Nr. 1 – Der Reiter – Herz-9

Grundbedeutung: Nachrichten, Kontakte, Hoffnungen, Überraschung, Bewegung

Der Reiter besitzt merkurische Eigenschaften, die sich auf alle Arten von Kommunikation beziehen, er wird dem Element Luft zugeordnet. Hermes/ Merkur war der Vermittler zwischen den Göttern und den Menschen. Er stellte eine Verbindung, eine Kommunikationsbasis, Kontakte und einen Austausch zwischen den beiden Gruppen her. Merkur verrät uns, wie die Intelligenz des Menschen, der Ausdruck seiner geistigen Fähigkeiten, funktioniert. Er regiert unseren Verstand, unsere geistigen Reaktionen und unser Verständnis von uns selbst.

Herz-9 bringt mit sich etwas Neues, das in Form von Nachrichten zu uns kommt. Die geheime Botschaft wird genauer gedeutet in Verbindung mit einer Nachbarkarte.

Das erste Haus: Haus des Widders – Mars

Ego – Dasein – die »Persona«, die Maske, die man trägt – die eigene Persönlichkeit

Du bist eine lebhafte, vitale und sehr bewegliche Person, von leidenschaftlichem Naturell und mit viel Kampfgeist. Du bist intelligent, schätzt menschliche Beziehungen, Gespräche, Kontakte und gesellschaftliche Ereignisse. Um deine Neugier zu befriedigen, brauchst du Veränderungen. Unabhängig, wie du bist, schätzt du den Fortschritt und folgst dem Geist der Zeit. Alles, was mit Austausch und Kommunikation zu tun hat, wird stets zu deinen primären Interessen zählen.

Vorhersage: Mit Flexibilität und Anpassungsfähigkeit kannst du sehr viel erreichen. Eine interessante und abwechslungsreiche Phase steht dir bevor. Warst du die letzte Zeit in bezug auf deine Gesundheit zu faul, ändere dies, und bewege dich.

Das zweite Haus: Haus des Stiers – Venus als Morgenstern

Eigene Werte – Besitz – Finanzen

Du wirst deine geistigen und intellektuellen Fähigkeiten voll dafür einsetzen, deinen Willen und deine Wünsche zu befriedigen. Du kannst dich leicht den Umständen anpassen, von denen du einen Gewinn erhoffst. Wenn es um

Geld geht, erweist du dich als listig und verschlagen, es kann leicht durch deine Hände fließen.

Vorhersage: »Wie gewonnen, so zerronnen.« Damit es nicht dazu kommt, sei zukünftig in finanziellen Angelegenheiten vorsichtiger. Falls du Geld erwartest, sei sicher, es kommt noch. Es ist nicht ausgeschlossen, daß du einen Finanzberater brauchst.

Das dritte Haus: Haus der Zwillinge – Merkur als Morgenstern

Information – Kontakt zu anderen – Austausch – Kommunikation

Du nimmst leicht Kontakt zu anderen Menschen auf, weil Austausch und Kommunikation enorm wichtig für dich sind. Du ziehst es häufig vor, die Rolle des Vermittlers, des Bindeglieds zu spielen. Wort und Schrift spielen in deinem Leben eine wichtige Rolle, auf diesem Gebiet kannst du brillieren. Du würdest gerne die Welt erkunden und beschäftigst dich gerne mit anspruchsvollen Dingen. Deine Neugierde macht dich für andere interessant.

Vorhersage: Die kommende Zeit ist reich an Kontakten mit anderen. Stehst du noch in der Ausbildung, sind Bildung und Lernen von großer Bedeutung – investiere Zeit für deine berufliche Zukunft. Lernst du gerne mit anderen, bilde eine Lerngruppe.

Das vierte Haus: Haus des Krebses – Mond

Deine Wurzeln – dein Haus – Tradition – Sicherheit

Vielleicht stammst du aus einer Familie, in der Intelligenz von besonders großer Bedeutung war, und das wird dich dein Leben lang beeinflussen. Deine Beziehung zu Eltern und Geschwistern spielt möglicherweise eine wichtige Rolle. Du strebst danach, in einer glücklichen, lebhaften und angenehmen Umgebung zu leben, und kannst das Bedürfnis nach einem Tapetenwechsel haben.

Vorhersage: Es ist möglich, daß du deine Umgebung demnächst wechselst, vielleicht suchst du schon eine neue Wohnung oder planst einen Umzug. Außerdem sind familiäre Kontakte zu erwarten, vielleicht bekommst du unerwartet Besuch von einem Onkel, Bruder etc.

Das fünfte Haus: Haus des Löwen – Sonne

Ausdruckskraft – Vergnügen – Gestaltung – Entwicklung – Kinder

Vorhersage: Du magst die Freuden des Lebens, eigentlich würdest du gerne frei und ohne Verpflichtungen leben. Du kannst das Leben genießen! Auch die eigene Sexualität wird dem fünften Haus zugeordnet. Auf dich warten unzählige Kontakte mit dem anderen Geschlecht, die jedoch von kurzer Dauer sind. Bist du frei, suchst du einen Mann, dann genieße die Gunst der Stunde und gehe öfter aus. Da das fünfte Haus auch mit Kindern in Verbindung gebracht wird, kennzeichnet diese Stellung des Reiters eine talentierte Persönlichkeit, die ihr Wissen und ihre Ideen jungen Menschen mitzuteilen weiß. Die Beziehung zu den eigenen Kindern bringt große Erfüllung, du wirst stets auf ihrer Seite stehen.

Das sechste Haus: Haus der Jungfrau – Merkur als Abendstern

Bewußte Bedürfnisse – Gesundheit – Arbeit

Suche dir eine interessante Arbeit, du kannst dich schnell und gut einer neuen Stellung anpassen. Das Wichtigste ist, daß die Arbeit nicht langweilig für dich ist, das würdest du nicht ertragen. Lerne, dich gut zu organisieren. Wenn dich die Arbeit motiviert, kannst du sogar bei schwierigen Aufgaben großes Geschick beweisen.

Vorhersage: Neue Chancen und Möglichkeiten bieten sich dir, Schwachpunkt ist die Gesundheit – besonders die Nerven. Lerne, dich zu entspannen, suche zu dir passende Entspannungstechniken. Diejenigen, die zur Zeit krank sind, finden neuen Mut und Zuversicht.

Das siebte Haus: Haus der Waage – Venus als Abendstern

Wir und sie – Partnerschaft – Mitarbeit – Ehe

Du suchst nach Kontakten sowie einem stimulierenden und bereichernden Austausch mit deiner Umwelt, hast immer ein offenes Ohr für die Probleme und Ideen anderer. Du kannst dich schnell auf andere einstellen, doch bleibst du gleichzeitig kritisch und kannst deine eigenen Überzeugungen wahren.

Vorhersage: Du kannst dich verlieben und mit großer Leidenschaft rechnen. Der Reiter kann auch für deinen Partner stehen, der immer ein offenes Ohr für dich hat und keine Langeweile kennt. Interessante Kontakte mit anderen und der Außenwelt stehen bevor.

Das achte Haus: Haus des Skorpions – Pluto

Die Werte anderer – Vererbung – Regeneration – Wiedergeburt – Tod

Deine Vorliebe für Forschung und der Wunsch, sich mit Hilfe der intellektuellen Fähigkeiten weiterzuentwickeln, zeigen, daß sich dein Leben immer wieder verändern wird.

Vorhersage: Die Nachrichten können sich auf Steuern, Versicherungen oder den Besitz von Verstorbenen beziehen. Willst du mehr erfahren, ziehe eine weitere Karte.

Das neunte Haus: Haus des Schützen – Jupiter

Philosophie – Reisen – Religion – Inspiration

Du strebst nach hohen Zielen und hast viele intellektuelle Ambitionen, die sind jedoch sehr oft nur oberflächlich. Du liebst das Reisen und möchtest mehr über fremde Länder und Kulturen wissen, am besten lernst du aus eigener Erfahrung. Du verfügst über ein großes Anpassungsvermögen an verschiedenste Situationen.

Vorhersage: Bewegung tut dir gut, du wirst verreisen und deine Erfahrungen sammeln. Nicht ausgeschlossen, daß du während der Reise einen interessanten und offenen Mann kennenlernst. Mit ihm kannst du viel unternehmen, weil er spontane Aktivitäten liebt.

Das zehnte Haus: Haus des Steinbocks – Saturn

»Die Krone« – Karriere – Machtposition – Anerkennung – Ehre – Berufung

Du bist sensibel für die Ideen anderer. Der Reiter in diesem Haus befähigt dich für selbständige Berufe, den Handel und alle Tätigkeiten, bei denen deine Intelligenz zur Geltung kommt. Du solltest dich bemühen, deine berufliche und gesellschaftliche Unabhängigkeit zu erlangen.

Vorhersage: Beginne das, was du dir vorgenommen hast, verfolge deine Ziele konsequent, und organisiere dich gut dabei.
Vielleicht kann dadurch etwas ganz Neues entstehen, ein Projekt, eine Aufgabe, die dich voll in Anspruch nimmt.

Das elfte Haus: Haus des Wassermanns – Uranus

Ambitionen – Pläne – Vereinigung – Freundschaften

Du hast ein lebhaftes Interesse an der Kommunikation und am Ideenaustausch mit Freunden und kannst sehr viel von anderen lernen. Du bleibst anderen gegenüber offen, deine Haltung ist unpersönlich, aber freundlich.

Vorhersage: Es warten viele neue Begegnungen auf dich – bleibe offen für andere. Ein sehr interessanter Mann wird dir ins Auge fallen. Er ist sehr extrovertiert, mit ihm kommst du endlich in Schwung. Er kann dir bei der Erfüllung deiner Pläne helfen.

Das zwölfte Haus: Haus der Fische – Neptun

Unbewußte Bedürfnisse – seelische Kraft – Abgeschlossenheit

Du hast einen tiefen, inspirierten Geist, bist aber auch verschlossen, diskret oder introvertiert. Es gelingt dir nicht immer, dein Innerstes preiszugeben – vielleicht liegt das an deiner Schüchternheit.

Vorhersage: Musik kann deinen Geist und deine Gedanken beruhigen. Mache dir nicht zu viele Sorgen, lerne, positiv zu denken. Achte mehr auf deine Träume, sei dir bewußt, daß du durch sie die göttliche Führung bekommst.

Karte Nr. 2 – Das Kleeblatt – Karo-6

Grundbedeutung: Freude, das kleine Glück, Zufriedenheit, Geschenke

Das Kleeblatt hat die Eigenschaften Jupiters, der als Planet des Glücks, der Lebenslust, des Wohlergehens und des Optimismus gilt. Welch ein Glück, unter seinem Einfluß auf die Welt zu kommen. Die Menschen der Antike nannten ihn den großen Wohltäter und lagen damit richtig. Jupiter steht schließlich für Erfolg, Prestige und mögliche Ehrungen. Der Klee übt einen sehr günstigen Einfluß in jedem Haus unseres Orakels aus.

Karo-6 symbolisiert einen glücklichen Anfang, bei dem alle Türen offenstehen. Das kleine Glück, das uns anlächelt und von außen kommt, sollte festgehalten werden. In seinem Licht sieht vieles besser, schöner und leichter aus. Ideen können verwirklicht werden.

Das erste Haus: Haus des Widders – Mars

Ego – Dasein – die »Persona«, die Maske, die man trägt – die eigene Persönlichkeit

Die Spitze des ersten Hauses ist der Aszendent, und die Kleeblattkarte in diesem Haus solltest du betrachten wie einen Planeten. Du kannst dich freuen, und deine Lebensfreude ist ansteckend. Du bist sympathisch und nett, und das strahlst du auch aus. In den heutigen Zeiten ist deine optimistische Einstellung besonders gefragt. Freue dich darüber.

Vorhersage: Das Glück wird sehr oft an deiner Seite stehen, nutze die Gunst der Stunde!

Das zweite Haus: Haus des Stiers – Venus als Morgenstern

Eigene Werte – Besitz – Finanzen

Für finanzielle Angelegenheiten hast du ein sehr gutes Händchen. Wenn Probleme auftreten, kannst du immer mit Rat und Hilfe von anderen rechnen.

Vorhersage: Du kannst erkennbare finanzielle Vorteile ziehen, die es dir erlauben, ein glückliches und angenehmes Leben zu führen. Vielleicht winkt ein kleiner Gewinn bei der Lotterie, du solltest ab und zu einen Lottoschein ausfüllen!

Das dritte Haus: Haus der Zwillinge – Merkur als Morgenstern

Information – Kontakt zu anderen – Austausch – Kommunikation

Du magst einen regen Gedankenaustausch mit engen Freunden und wechselst auch immer ein paar Sätze mit ganz fremden Leuten auf der Straße. Du hast ein gutes Verhältnis zu den Nachbarn und zu deiner Familie, bist anpassungsfähig, gesellig und wirst von anderen gemocht. Kann man sich noch mehr wünschen?

Vorhersage: Eine gute Zeit für kurze Reisen oder einen Umzug. Für Studierende und Lernende läuft alles bestens. Keine Angst vor Prüfungen, sie sind so gut wie bestanden.

Das vierte Haus: Haus des Krebses – Mond

Deine Wurzeln – dein Haus – Tradition – Sicherheit

In deinem familiären Umfeld fühlst du dich wohl und kannst dich richtig entfalten. Ein Leben unter angenehmen Bedingungen ist für dich ein selbstverständliches Bedürfnis.

Vorhersage: Freude und Zufriedenheit sind angesagt. Eine sehr gute Zeit für die Familiengründung und für Familientreffen. Leben in Harmonie! Vielleicht kommt es zu einem plötzlichen Geldsegen.

Das fünfte Haus: Haus des Löwen – Sonne

Ausdruckskraft – Vergnügen – Gestaltung – Entwicklung – Kinder

Das Kleeblatt in diesem Haus verspricht die wahren Freuden des Lebens. Du willst das Leben in vollen Zügen genießen – in Liebesangelegenheiten ist dein Glück programmiert. Nicht umsonst gilt das vierblättrige Kleeblatt als Glücksbringer.

Vorhersage: Freue dich über eine Romanze oder Affäre. Du kannst viel Freude mit eigenen Kindern haben, es ist eine gute Zeit für eine Schwangerschaft. Viele gesellschaftliche Anlässe und Partys folgen. Gib deinem Glück eine Chance, versuche es einmal mit dem Lottospielen.

Das sechste Haus: Haus der Jungfrau – Merkur als Abendstern

Bewußte Bedürfnisse – Gesundheit – Arbeit

Vorhersage: Im Haus des alltäglichen Lebens kannst du, dank des Kleeblatts, Lebensfreude finden und dich an Kleinigkeiten erfreuen. Bei der Arbeit hast du gute Aussichten auf kleine Erfolge, bemühe dich, und zeige, was du kannst. Alles, was du »geschenkt« bekommst, hast du dir wohl verdient.

Bist du krank, kannst du auf schnelle Genesung hoffen. Das kleine Kleeblatt ist ein wahrer Glücksbringer. Falls du ins Krankenhaus gehen mußt, wird das Glück auch an deiner Seite stehen.

Das siebte Haus: Haus der Waage – Venus als Abendstern

Wir und sie – Partnerschaft – Mitarbeit – Ehe

Eine sehr gute Stellung für Kontakte mit anderen. Du hast Geschick im Umgang mit dem Publikum, bist anderen gegenüber offen, wohlwollend und freundlich. Du kannst in deinen Beziehungen mit Glück und Wohlergehen rechnen. Venus herrscht über dieses Haus und schafft die Bande der Liebe und gegenseitigen Harmonie.

Die *Vorhersage* ist auch sehr günstig für alle Singles, die endlich wieder zu zweit durchs Leben gehen wollen. Eine große Chance, einen Lebenspartner zu finden. Eine gute Zeit zum Heiraten.

Das achte Haus: Haus des Skorpions – Pluto

Die Werte anderer – Vererbung – Regeneration – Wiedergeburt – Tod

Vorhersage: Da das Kleeblatt die Lebensfreude und nicht die Entsagung fördert, wirst du ausgetretene Wege zu meiden und Verbote zu mißachten. Du weißt, daß du unter Gottes Schutz stehst, und das freut dich sehr. Du bist auf der Suche nach dem Lebenssinn. Es ist auch eine sehr günstige Stellung für Erbschaften, Versicherungen, Steuern – Geld, an das du plötzlich ohne große Mühe kommen kannst.

Das neunte Haus: Haus des Schützen – Jupiter

Philosophie – Reisen – Religion – Inspiration

Vorhersage: Du möchtest dich entfalten und hast das Bedürfnis, deinen geographischen Horizont zu erweitern. Du hast den Wunsch, andere Sitten und Gebräuche, andere Gesinnungen kennenzulernen und mehr über deine eigene Herkunft zu erfahren. Du bist abenteuerlustig, und am liebsten würdest du aus der Routine ausbrechen und auswandern, aber vergiß nicht: »Überall ist es gut, aber zu Hause ist es am besten.« Übersieh nicht das kleine Glück, das du schon längst besitzt. Eine gute Zeit zum Verreisen!

Das zehnte Haus: Haus des Steinbocks – Saturn

»Die Krone« – Karriere – Machtposition – Anerkennung – Ehre – Berufung

Vorhersage: Du kannst deine gesellschaftliche Position, die du dir schwer erarbeitet hast, behalten. Du bist geistig, materiell und finanziell unabhängig oder auf dem Wege dahin, es zu sein. Du bist eine verantwortungsbewußte Person, die etwas im Leben erreichen will – dabei hast du die nötige Prise Glück. Deine Wünsche werden sich erfüllen.

Diese Stellung verspricht eine sehr gute *Vorhersage* für die Zukunft und schließt finanzielle Schwierigkeiten aus.

Das elfte Haus: Haus des Wassermanns – Uranus

Ambitionen – Pläne – Vereinigung – Freundschaften

Du bist sympathisch, wohlwollend, verständnisvoll und zeigst dich wirklich solidarisch. Deswegen hast du auch viele Freunde, denen du treu sein kannst. Du bist nur glücklich, wenn du neue Pläne schmieden kannst, und es scheint, als ob sie sich verwirklichen können. Dabei ist dir das Kleeblatt behilflich.

Vorhersage: Freundschaften spielen in deinem Leben eine sehr wichtige Rolle, alte werden gefestigt, neue können entstehen.

Das zwölfte Haus: Haus der Fische – Neptun

Unbewußte Bedürfnisse – seelische Kraft – Abgeschlossenheit

Vorhersage: Du liebst das ruhige Leben und ziehst dich gerne zurück. Das kann nicht jeder verstehen, aber um glücklich zu sein, brauchst du eine gewisse Abgeschiedenheit oder Einsamkeit. Du bist kein Einsiedler, aber das Alleinsein ermöglicht es dir, nachzudenken oder deine Yogaübungen zu machen. Du weißt es: In der Ruhe liegt die Kraft!

Karte Nr. 3 – Das Schiff – Pik-10

Grundbedeutung: eine Reise, Lebensreise, Gedanken, Sehnsucht

Das Schiff besitzt neptunische Eigenschaften, die als »transformativ« gelten. Die Position des Neptuns im Geburtshoroskop verrät etwas über die Veränderungsfähigkeit des Betreffenden, sagt etwas über die höhere Ebene des Geistes aus und über die Bereitschaft des Betreffenden, davon Gebrauch zu machen.

Wir betreten das Reich des Neptuns, wenn wir auf unsere Intuition achten und mit ihrer Hilfe vorauszusehen oder vorherzusagen versuchen, wenn wir nach dem tieferen Sinn suchen, um mit seiner Hilfe bestimmte Umstände und Ereignisse zu verstehen.

Bei Pik-10 macht man sich auf den Weg, um neue Sichtweisen zu erlangen. Man ist nachdenklicher geworden und auf der Suche nach dem Lebenssinn. Man kann auch eine echte Reise antreten.

Pik symbolisiert das Element Wasser und damit das Seelische, das Unbewußte in einem Menschen.

Das erste Haus: Haus des Widders – Mars

Ego – Dasein – die »Persona«, die Maske, die man trägt – die eigene Persönlichkeit

Du bist eine sensible und intuitive Person, die nicht jeder versteht. Dein Charakter zeigt neptunische Eigenschaften – du bist leicht beeindruckbar und empfänglich für unterbewußte Einflüsse. Du kannst dich sehr gut in andere einfühlen und sie verstehen. Du bist umgeben von einem Hauch Geheimnis, ein bißchen mystisch und verträumt.

Vorhersage: Eine Neuorientierung ist angesagt, weil du zur Zeit nicht ganz zufrieden bist. Vielleicht steht eine reale Reise an, für die du dich jetzt bereit fühlst – wobei die Reise zu einer Neuorientierung führen kann.

Das zweite Haus: Haus des Stiers – Venus als Morgenstern

Eigene Werte – Besitz – Finanzen

Dein Einkommen kann sehr oft mit Wasser, Flüssigkeiten (Meer, Fluß) in Verbindung stehen. Manchmal ziehst du finanzielle Vorteile aus der Zukunftsvoraussage, z.B. Kartenlegen, Astrologie, Handlesen.

Vorhersage: Wirtschafte gut mit dem, was du hast, sei vorsichtig mit deinem Budget. Das Geld kommt noch!

Das dritte Haus: Haus der Zwillinge – Merkur als Morgenstern

Information – Kontakt zu anderen – Austausch – Kommunikation

Vorhersage: Du bist intuitiv und für Ideen einer höheren Bewußtseinsebene empfänglich. Viele, die das Schiff im dritten Haus haben, sind telepathisch veranlagt. Du willst über alles Bescheid wissen und als Informationsvermittler dienen. Das dritte Haus wird auch mit kurzen Reisen in Verbindung gebracht, es ist wahrscheinlich, daß auf dich solche warten – vielleicht sind es Schiffsreisen.

Das vierte Haus: Haus des Krebses – Mond

Deine Wurzeln – dein Haus – Tradition – Sicherheit

Vorhersage: Entweder lebst du nahe am Wasser, oder du würdest dies gerne tun. Du fühlst dich stark mit der ganzen Natur verbunden. Deine Familie bedeutet dir besonders viel, das Mystische hast du von ihr geerbt. Die Atmosphäre zu Hause ist nicht immer zufriedenstellend, und es sieht so aus, als ob du nicht das bekommst, was du dir erhofft hast. Vieles liegt auch an dir, bemühe dich, eine gute Stimmung in der Familie zu schaffen. Bist du eine Frau, vergiß nicht, daß du die Stimmungsmacherin bist. Es ist auch möglich, daß du zusammen mit der Familie verreisen kannst.

Das fünfte Haus: Haus des Löwen – Sonne

Ausdruckskraft – Vergnügen – Gestaltung – Entwicklung – Kinder

Vorhersage: Durch deine spirituelle Veranlagung hast du einen besonderen Draht zu deinen Mitmenschen gefunden. Du bist für die Freuden des Lebens und für ihre Sinnlichkeit empfänglich. Du hast ein starkes Verlangen nach Liebe und Anerkennung. Das Schiff im Haus der Freude könnte eine Reise prophezeien, ganz einfach zum Vergnügen, vielleicht auch zu zweit. Deine Kinder könnten von dir das Mystische geerbt haben. Es ist wahrscheinlich, daß du mit deinen erwachsenen Kindern nicht ganz zufrieden bist.

Das sechste Haus: Haus der Jungfrau – Merkur als Abendstern

Bewußte Bedürfnisse – Gesundheit – Arbeit

Vorhersage: Du bist mit deinem beruflichen Leben nicht ganz zufrieden. Bist du wirklich die richtige Person auf dem richtigen Platz? Höre auf deine innere Stimme, dein Gefühl kann dir einiges verraten, laß dich führen – nicht alles, was vom Verstand kommt, ist für dich das Beste. Genau dann, wenn man unzufrieden ist, können Krankheiten auftauchen, aber die Kraft deiner Seele kann sie heilen, und das weißt du. Ernähre dich gesund, vor allem nicht zu fett, und schone deine Leber!

Das siebte Haus: Haus der Waage – Venus als Abendstern

Wir und sie – Partnerschaft – Mitarbeit – Ehe

Vorhersage: Du bist selbstlos und rücksichtsvoll anderen gegenüber. Bei dir stehen geistige Werte im Vordergrund. Du hast eine starke seelische Beziehung zu deinem Ehepartner und sehnst dich nach mehr Gefühl – aber dein Partner fühlt nicht immer mit dir. Zeige Verständnis dafür, damit du im Einklang mit dir selbst leben kannst.

Das achte Haus: Haus des Skorpions – Pluto

Die Werte anderer – Vererbung – Regeneration – Wiedergeburt – Tod

Du bist eine spirituelle Person, für die unbewußte Vorgänge ganz normal sind. Diese mediale Veranlagung kann in deinem Leben sehr hilfreich sein, aber befasse dich nicht mit Schwarzer Magie.

Vorhersage: Alles, was mit finanziellen Angelegenheiten zu tun hat, kann im Lichte dieser Karte widersprüchlich erscheinen.

Das neunte Haus: Haus des Schützen – Jupiter

Philosophie – Reisen – Religion – Inspiration

Vorhersage: Das ist die richtige Karte im richtigen Haus, im Haus der Reise. Es geht um eine längere Reise, die du wahrscheinlich in den folgenden Monaten unternimmst, es muß nicht unbedingt eine Seereise sein. Die Reise kann zu einem wahren Abenteuer werden. Außerdem erweiterst du gerne deinen geistigen Horizont.

Das zehnte Haus: Haus des Steinbocks – Saturn

»Die Krone« – Karriere – Machtposition – Anerkennung – Ehre – Berufung

Vorhersage: Es wird dir nicht leichtfallen, in deinem Beruf Karriere zu machen – es kann sein, daß du mit Widerständen und Komplikationen rechnen mußt. In deiner Berufslaufbahn spielen intuitive Faktoren eine große Rolle, geeignete Berufe sind: Psychologe, Psychiater, Astrologe, Kartenleger, Zukunftsdeuter etc. Mache Nägel mit Köpfen, führe alles zu Ende, nur mit Beharrlichkeit und eiserner Disziplin kannst du etwas erreichen.

Das elfte Haus: Haus des Wassermanns – Uranus

Ambitionen – Pläne – Vereinigung – Freundschaften

Vorhersage: Sei vorsichtig bei der Wahl neuer Freunde, das Äußere ist weniger wichtig, schaue mehr auf die inneren Werte der Menschen. Deinen wahren Freunden gegenüber bist du großzügig, deshalb kannst du von ihnen geistige Unterstützung bekommen. Du weißt genau, daß wir alle nicht für uns selbst, sondern für andere leben.

Das zwölfte Haus: Haus der Fische – Neptun

Unbewußte Bedürfnisse – seelische Kraft – Abgeschlossenheit

Vorhersage: Du hast eine Vorliebe für alles, was mystisch ist. Das Unbewußte, Religion, Philosophie – das sind deine Gebiete. Du ziehst dich gerne in die Stille und Abgeschiedenheit zurück, um den Weg nach innen zu finden und zu meditieren. Höre auf deine innere Stimme, auf alle Zeichen, die von »oben« kommen. Analysiere deine Träume, denn in ihnen offenbart sich sehr oft das Göttliche.

Karte Nr. 4 – Das Haus – Herz-König

Grundbedeutung: dein Zuhause, Haus, die Wohnung, Festigkeit, Stabilität

Die Hauskarte besitzt sonnige Eigenschaften, die Kraft und Vitalität symbolisieren. Die Sonne steht in Verbindung mit unserem Willen und unserer Fähigkeit, uns durchzusetzen. Die Karte steht für das männliche Prinzip in jedem Menschen und fordert uns dazu auf, uns bewußt mit unserer eigenen Mitte zu identifizieren. Sie verrät die Quintessenz des Menschen, seinen Kern, um den herum alle Elemente der Persönlichkeit gruppiert sind.

Herz steht für das Element »Feuer« und damit für die Leidenschaft und für Herzensangelegenheiten.

Herz-König steht für eine Person, die im Rampenlicht stehen möchte und Autorität besitzt. Er reicht uns seine schützende Hand und zeigt uns einen Ort, ein Heim, in dem wir uns geborgen und sicher fühlen.

Das erste Haus: Haus des Widders – Mars

Ego – Dasein – die »Persona«, die Maske, die man trägt – die eigene Persönlichkeit

Du bist vertrauenswürdig und stehst zu deinem Wort. Du hast ein Bedürfnis nach Ordnung und Planung, aber auch nach Anerkennung und Bewunderung und besitzt gute Führungsqualitäten. Du bist idealistisch und großzügig und würdest gerne im Rampenlicht stehen. Des weiteren bist du offen und treu, aber manchmal hochmütig und kompromißlos.

Vorhersage: Es wäre besser für dich, wenn du demnächst weniger ausgingest. Zu Hause bist du ungestört und geschützt, jeder muß deine Privatsphäre akzeptieren. Mache es dir gemütlich, lebe nach dem Prinzip »My Home is my Castle«. Schaffe dir ein gemütliches Nest.

Das zweite Haus: Haus des Stiers – Venus als Morgenstern

Eigene Werte – Besitz – Finanzen

Du verstehst es, aus den Umständen, die sich bieten, und den Mitteln, die dir zur Verfügung stehen, das Beste zu machen und alles zu bekommen, was du brauchst. Du kannst entweder sparsam, vorsichtig, besonnen und berechnend oder freigebig, verschwenderisch und dazu geneigt sein, Besitz und Energie zu vergeuden.

Vorhersage: Wenn du zur Zeit mit unbezahlten Rechnungen zu kämpfen hast, habe keine Angst vor der nahen Zukunft. Deine Finanzen sind so gut wie gesichert, alles ist im grünen Bereich.

Das dritte Haus: Haus der Zwillinge – Merkur als Morgenstern

Information – Kontakt zu anderen – Austausch – Kommunikation

Du legst großen Wert darauf, eigene Ideen zum Ausdruck zu bringen und anderen mitteilen zu können. Du besitzt die Gabe, warme und freundliche Beziehungen zu unterhalten, und meistens hast du ein gutes Verhältnis zu deinen Bekannten, Nachbarn etc.

Vorhersage: Öffne deine Tür für andere, führe ein offenes Haus. Dein Zuhause ist auch ein guter Platz zum Lernen.

Das vierte Haus: Haus des Krebses – Mond

Deine Wurzeln – dein Haus – Tradition – Sicherheit

Eine Hauskarte im Haus der Familie, das kann kein Zufall sein. Die Verbundenheit mit deinen familiären Wurzeln ist sehr stark. Deine Eltern haben immer einen starken Einfluß auf dich gehabt, und du fühlst dich an sie gebunden. Du willst der Mittelpunkt deiner Familie sein und dort glänzen.

Vorhersage: Die häusliche Umgebung wird demnächst eine sehr wichtige Rolle spielen. Vielleicht willst du auch eine eigene Familie gründen oder in ein neues Haus ziehen.

Das fünfte Haus: Haus des Löwen – Sonne

Ausdruckskraft – Vergnügen – Gestaltung – Entwicklung – Kinder

Dein Haus ist deine Burg, das sagst du sehr oft. Dein Heim steht anderen offen, und du lädst sehr oft Gäste ein, mit denen du sehr viel Spaß hast. Deine Freizeit kannst du auch phantastisch zu Hause genießen – ab und zu möchtest du aber auch ausgehen. Im Grunde genommen bist du ein großer Genießer des Lebens und seiner Freuden. Liebe, Freundschaften, Musik, gutes Essen genießt du in vollen Zügen.

Vorhersage: Alles wird sich bei dir zu Hause abspielen, es kann sehr langweilig werden – oder auch nicht.

Das sechste Haus: Haus der Jungfrau – Merkur als Abendstern

Bewußte Bedürfnisse – Gesundheit – Arbeit

Du möchtest dich im täglichen Leben behaupten, möchtest dominieren oder leiten. Am liebsten würdest du in der Chefetage arbeiten und deine Führungsqualitäten beweisen. Du liebst »die Größe« und möchtest etwas Besonderes oder Aufsehenerregendes vollbringen. Falls du krank bist, kannst du auf schnelle Heilung hoffen – fürchte dich nicht, du bist in den besten Händen!

Vorhersage: Entweder arbeitest du zu Hause, oder du nimmst viel Arbeit mit nach Hause. Vielleicht ist die Arbeit, die du zu Hause machst, viel bedeutungsvoller und wichtiger als alles andere. Denke darüber nach.

Das siebte Haus: Haus der Waage – Venus als Abendstern

Wir und sie – Partnerschaft – Mitarbeit – Ehe

Du hast das Bedürfnis, im Umgang mit anderen zu dominieren und ihnen deinen Willen aufzudrücken. Jedoch wird die Vereinigung in deinem Leben immer eine sehr große Rolle spielen. Du suchst den idealen Partner, vielleicht hast du ihn schon gefunden. In der Partnerschaft findest du die wahre Erfüllung!

Vorhersage: Dein Zuhause, mit allen geliebten Menschen, die da wohnen, ist dir wichtiger als alle anderen Kontakte, oder es sollte dir wichtiger sein.

Das achte Haus: Haus des Skorpions – Pluto

Die Werte anderer – Vererbung – Regeneration – Wiedergeburt – Tod

Vorhersage: Du besitzt eine starke Seele und eine kräftige Psyche. Deine Regenerationsfähigkeit ist stark ausgeprägt – du kannst dich wie der Phönix aus der Asche erheben. Auf der Suche nach einer höheren geistigen Wirklichkeit wirst du Erfolg haben. Du überraschst manchmal mit deinen geistigen Fähigkeiten. Es ist wahrscheinlich, daß du dich mit Steuern, Versicherungen oder mit dem Vermögen Verstorbener befassen wirst.

Das neunte Haus: Haus des Schützen – Jupiter

Philosophie – Reisen – Religion – Inspiration

Vorhersage: Du bist von dem Ehrgeiz angetrieben, deinen Horizont zu erweitern. Normalerweise spielt das Ausland in deinem Leben eine sehr große Rolle, aber nicht im Lichte dieser Karte. Diesmal mußt du zu Hause bleiben und kannst andere Länder nur durchs Fernsehen erkunden. Vielleicht erwartet dich zu Hause etwas Wichtiges, oder deine finanzielle Situation wird dir das Verreisen in diesem Jahr nicht erlauben. Analysiere das gesamte Horoskop, ziehe das Finanzhaus zu Rate – Haus Nr. 2 – und das Familienhaus – Haus Nr. 4.

Das zehnte Haus: Haus des Steinbocks – Saturn

»Die Krone« – Karriere – Machtposition – Anerkennung – Ehre – Berufung

Du hast sehr gute gesellschaftliche Aussichten. Du bist ehrgeizig, suchst nach Unabhängigkeit, möchtest auffallen und beherrschen. Du hast sehr große Chancen auf Erfolg, weil du immer den Weg nach oben angestrebt hast. Bewunderung und Anerkennung schmeicheln deinem Ego. Dein Fleiß wird endlich belohnt.

Vorhersage: Arbeite fleißig an deinen Projekten! Du kannst Erfolg haben, sogar mit deinem Hobby, dem du zu Hause nachgehst. Ist dein Zuhause nicht deine Berufung? Denke darüber nach.

Das elfte Haus: Haus des Wassermanns – Uranus

Ambitionen – Pläne – Vereinigung – Freundschaften

Du hängst ehrgeizigen und anspruchsvollen Plänen nach und kannst dabei mit der Unterstützung von einflußreichen Freunden rechnen. Du pflegst gute Beziehungen und wirst von anderen geschätzt und gemocht, was dir auch schmeichelt. Manche Freundschaften können dir das Leben erleichtern.

Vorhersage: Bleibe offen für gute Chancen und Gelegenheiten, aber auch für Freundschaften. Diese Karte verrät, daß sich bei dir alles zu Hause abspielen kann.

Das zwölfte Haus: Haus der Fische – Neptun

Unbewußte Bedürfnisse – seelische Kraft – Abgeschlossenheit

Du bemühst dich, um irgendwann im Leben Erfolg zu haben, aber das Leben ist manchmal schwer und ungerecht. Du neigst zu Isolation und Zurückgezogenheit; sehr oft findest du Selbstbestätigung durch Arbeiten im Krankenhaus, Gefängnis etc. Du bist ein Einzelgänger und bleibst gerne zu Hause.

Vorhersage: Das Zuhause tut dir gut, mach dir daraus keinen Vorwurf. Ein Mensch erholt sich gut am Meer, ein anderer in den eigenen vier Wänden. Mach nur das, was dich glücklich macht!

Karte Nr. 5 – Der Baum – Herz-7

Grundbedeutung: dein Leben, Gesundheit, Ruhe, Sicherheit, Langeweile, Monotonie, Wald

Der Baum hat sehr viel mit den Erdzeichen gemeinsam, welche Stabilität und Ausdauer versprechen. Alle Erdverbundenen lieben die Natur und halten sich gerne darin auf. Sie sind realistisch, stehen mit beiden Füßen auf dem Boden. Sicherheit ist besonders wichtig für sie.

Herz-7 ermahnt uns, daß wir nur eine Gesundheit haben – ein »zuwenig« oder »zuviel« kann für uns ernsthafte Folgen haben.

Das erste Haus: Haus des Widders – Mars

Ego – Dasein – die »Persona«, die Maske, die man trägt – die eigene Persönlichkeit

Du bist eine ruhige Person, suchst materielle Sicherheit und lebst gerne im Einklang mit der Natur. Du möchtest an den natürlichen Lebensfreuden teilhaben, bist realistisch und vernünftig. Materielles Wohlergehen beruhigt dich und verleiht dir das Gefühl von Sicherheit.

Vorhersage: Achte auf deine Gesundheit, lebe bewußter, gönne dir Erholungspausen. Vergiß nicht, daß das Leben ein Geschenk ist.

Das zweite Haus: Haus des Stiers – Venus als Morgenstern

Eigene Werte – Besitz – Finanzen

Du hast das Bedürfnis nach materiellem und moralischem Wohlergehen. Dein gewohntes Umfeld verläßt du nicht gern und hältst lieber an Bekanntem fest. Du willst in deinem Leben ein Maximum an Sicherheit erreichen, und das kann dir auch gelingen.

Vorhersage: Deine Besitztümer und Einkünfte sind nicht gefährdet. Du verstehst es, mit Geld umzugehen. Warte geduldig ab, wenn du dir eine Besserung deiner Finanzlage wünschst.

Das dritte Haus: Haus der Zwillinge – Merkur als Morgenstern

Information – Kontakt zu anderen – Austausch – Kommunikation

Du bist eine nachdenkliche Person, manchmal bist du ein bißchen zu ernst. Bei der Wahl deiner Freunde und in Beziehungen sei nicht zu streng, es zählt mehr als das Äußere. Du bist eine ehrgeizige Person, die ab und zu einen Gedankenaustausch braucht. Deine Mitmenschen schätzen dich für deine Verläßlichkeit und deine Treue.

Vorhersage: Pflege Beziehungen, die du für wichtig hältst!

Das vierte Haus: Haus des Krebses – Mond

Deine Wurzeln – dein Haus – Tradition – Sicherheit

Die Familie ist für dich sehr wichtig, jedoch bist du ihr gegenüber manchmal ein wenig zu kühl und reserviert. Liegt das etwa an deiner Schüchternheit? Wahrscheinlich warst du eine frühreife Person und hast sehr früh Verantwortung übernommen.

Vorhersage: Spiele nicht die Rolle eines Eremiten, sonst bleibst du im Alter wirklich einsam! Die Gesundheit in der Familie steht auf dem Spiel – Erholungspausen einlegen, Vorsorgeuntersuchungen machen!

Das fünfte Haus: Haus des Löwen – Sonne

Ausdruckskraft – Vergnügen – Gestaltung – Entwicklung – Kinder

Die Karte des Baumes im Haus der Liebe und der Vergnügungen zeigt an, daß du in Herzensangelegenheiten sehr wählerisch bist, aber auch ausdauernd, beständig und treu. Wenn du einmal liebst, dann ein Leben lang, bis der Tod euch scheidet. Gefühlsausbrüche gehören nicht zu deinen Stärken. Obwohl du deine Kinder sehr liebst, kannst du ihnen deine Liebe nicht immer so richtig zeigen. Du wirst dich mit ihnen besser verstehen, sobald sie erwachsen sind.

Vorhersage: Du hast wenig Gelegenheit zum Ausgehen, Langeweile wird sich breitmachen. Wirf einen Blick ins Finanzhaus – Haus Nr. 2, es kann dir sagen, was du dir leisten kannst.

Das sechste Haus: Haus der Jungfrau – Merkur als Abendstern

Bewußte Bedürfnisse – Gesundheit – Arbeit

Du arbeitest gerne und überläßt nichts dem Zufall. Du besitzt einen guten Organisationssinn und kannst dank deiner Ordnung sogar schwierige Aufgaben gut meistern. Mit der Zeit kann deine Arbeit zum Erfolg führen. Achte auf deine Gesundheit, nicht umsonst steht die Karte des Baumes im Haus der Gesundheit. Wenn du krank bist, suche Heilung in der Natur. Mit natürlichen Heilmethoden wie Homöopathie kann dir am ehesten geholfen werden.

Vorhersage: Gesundheitscheck, Vorsorgemaßnahmen einleiten, Atemwege schonen, nicht rauchen, Hals warm halten etc. Im Job: Mit Geduld, Beharrlichkeit und Ruhe kannst du genauso schnell ans Ziel kommen.

Das siebte Haus: Haus der Waage – Venus als Abendstern

Wir und sie – Partnerschaft – Mitarbeit – Ehe

Verläßlichkeit und Treue sind für dich sehr wichtig. Du hast ein großes Bedürfnis nach Ruhe, Sicherheit, Frieden, Ausgeglichenheit und Freude. Wenn du allein lebst, suche dir einen ähnlichen Partner, der genauso fühlt wie du.

Vorhersage: Erhalte deine Beziehung frisch, damit sich keine Langeweile und Routine einschleicht! Versuche ein bißchen mehr zu unternehmen.

Das achte Haus: Haus des Skorpions – Pluto

Die Werte anderer – Vererbung – Regeneration – Wiedergeburt – Tod

Du mußt im Umgang mit materiellen Werten einen Sinn für Gerechtigkeit entwickeln, du bist schließlich für eigenes und sehr oft auch für fremdes Eigentum verantwortlich. Alles, was beispielsweise mit Steuern, Scheidung, Unterhaltszahlungen zu tun hat, gehört auch in dieses Haus. Zum Glück – auf diesem Terrain ergeben sich keine Schwierigkeiten.

Vorhersage: Ruhe ist angesagt – warte einfach ab!

Das neunte Haus: Haus des Schützen – Jupiter

Philosophie – Reisen – Religion – Inspiration

Wenn es deine finanziellen Mittel erlauben, erweiterst du sehr gerne deinen geographischen und intellektuellen Horizont. Du liebst das Reisen und erkundest gerne fremde Länder und unbekannte Gegenden. Luftkuren sind sehr gut für deine Gesundheit. Nicht alle im Lichte dieser Karte interessieren sich für spirituelle Themen. Sehr oft sind deine religiösen Ansichten konservativ und traditionell.

Vorhersage: Tue etwas Gutes für deine Gesundheit, verreise ans Meer, tanke frische Luft und Jod, ruhe dich aus – das brauchst du.

Das zehnte Haus: Haus des Steinbocks – Saturn

»Die Krone« – Karriere – Machtposition – Anerkennung – Ehre – Berufung

Deine Suche nach Unabhängigkeit wird von Ehrgeiz angetrieben und auf rationale und logische Art erlangt. Aus eigener Kraft kannst du sehr viel erreichen und erschaffen. Du sehnst dich nach einer soliden, dauerhaften und unveränderlichen Position. Um diese zu behalten, solltest du fest an dich glauben und nicht mißtrauisch oder herrschsüchtig sein.

Vorhersage: Es ist möglich, daß du etwas Solides für dein Leben schaffst. Das kann eine Idee sein, die gerade eben geboren wurde.

Das elfte Haus: Haus des Wassermanns – Uranus

Ambitionen – Pläne – Vereinigung – Freundschaften

Dein inneres Gleichgewicht beruht auf einem wechselhaften Selbstschutzsystem. Beziehungen zu Freunden sind von Mißtrauen geprägt. Du schließt nicht so schnell Freundschaften, aber für die Menschen, die du schon lange kennst, bist du ein verläßlicher und treuer Freund. Außerdem bist du in deinen Beziehungen sehr wählerisch und anspruchsvoll.

Vorhersage: Du schmiedest gerne Pläne, die du unbedingt umsetzen willst. Verschlafe deine Chancen nicht!

Das zwölfte Haus: Haus der Fische – Neptun

Unbewußte Bedürfnisse – seelische Kraft – Abgeschlossenheit

Du neigst dazu, dich vor der Außenwelt abzuschotten, abzukapseln und auf jegliches gesellschaftliche Leben zu verzichten – und das ist nicht immer gut. Manchmal sind dafür auch die Umstände verantwortlich, aber sehr oft ist es dein eigener Entschluß. Wenn du mit Prüfungen und Schwierigkeiten konfrontiert wirst, bist du der Meinung, daß sie ganz selbstverständlich zum Leben gehören. Du bleibst gelassen, weil du darauf vorbereitet bist. Eine gute Einstellung!

Karte Nr. 6 – Die Wolken – Kreuz-König

Grundbedeutung: die Seele, Disharmonie, Gespaltenheit, Gerissenheit

Gerade dann, wenn der Himmel stark bewölkt ist, denke intensiv an diese Karte. Diese dunklen, grauen Wolken deuten auf ein Unwetter hin. Sie sind ständig in Bewegung, aber manchmal bleiben sie hängen. Sie bringen Regen und eine manchmal schaurige Stimmung. Der Himmel »weint«, und mit ihm unsere Seele, die sehr oft gespalten ist.

Die Wolkenkarte wird mit dem Planeten Saturn in Verbindung gebracht, der in der Astrologie als »Infortuna maior«, als großes Unglück, bezeichnet wird. Uns ist seine trockene, schauerliche Kälte bekannt. Er ist der Patron des Steinbocks.

Kreuz-König steht für Autorität, Kraft und schützende Macht. Ob wir diese Qualitäten nur für uns beanspruchen oder auf andere projizieren, hängt von uns ab.

Das erste Haus: Haus des Widders – Mars

Ego – Dasein – die »Persona«, die Maske, die man trägt – die eigene Persönlichkeit

Du läufst Gefahr, unter ständigem Streß zu leben, was zu Depressionen führen kann. All die Pflichten, die du übernommen hast, erlauben dir keine Entspannung. Sei nicht zu perfektionistisch und zu pingelig. Deine Introvertiertheit und Reserviertheit sind für andere ein Greuel.

Vorhersage: Eine disharmonische Zeit (vor der Auslegung selber bestimmen) steht dir bevor. Deine Zähigkeit und Beharrlichkeit helfen dir, Rückschläge wegzustecken. Widerstände richten dich auf, du kannst durch sie wachsen.

Das zweite Haus: Haus des Stiers – Venus als Morgenstern

Eigene Werte – Besitz – Finanzen

Sei vorsichtig, sparsam und vorausschauend. Eine schwierige Zeit steht dir bevor, deine materielle Situation ist instabil. Es ist sehr wahrscheinlich, daß du in finanzielle Schwierigkeiten gerätst, die du nur mit mehr Arbeit meistern kannst.

Vorhersage: Unerwartete Geldausgaben im größeren Stil sind zu erwarten.

Das dritte Haus: Haus der Zwillinge – Merkur als Morgenstern

Information – Kontakt zu anderen – Austausch – Kommunikation

Du bist sehr wählerisch, was andere Menschen betrifft. Im allgemeinen fühlst du dich in der Gegenwart anderer nicht sehr wohl. Einerseits bist du schüchtern und ungelenk, andererseits hochmütig – das macht dich nicht sehr gesellig.

Vorhersage: Es kommt zu Schwierigkeiten in der Ausbildung oder bei der Arbeit. Widme dem Lernen mehr Zeit, es wird sich lohnen. Du hast ein schlechtes Verhältnis zu Geschwistern und Nachbarn. Warum willst du dich nicht anpassen? Während kleiner Reisen ist Vorsicht geboten, es können seltsame Dinge passieren.

Das vierte Haus: Haus des Krebses – Mond

Deine Wurzeln – dein Haus – Tradition – Sicherheit

Unbewußt fühlst du dich in deiner Familie irgendwie einsam, manchmal sonderst du dich ab. Du kannst aber nicht wie ein Eremit leben, das wäre nicht gut für dich. Die dunklen Wolken bedeuten Sorgen im Umgang mit dem Heim und den häuslichen Belangen.

Vorhersage: Du mußt wahrscheinlich um den Familienunterhalt kämpfen, deine häusliche Sicherheit wird bedroht.

Das fünfte Haus: Haus des Löwen – Sonne

Ausdruckskraft – Vergnügen – Gestaltung – Entwicklung – Kinder

Vorhersage: Hier ist an die Freizeit und Lebensenergie zu denken. Singles werden kein leichtes Leben haben. Es wird ihnen an Gelegenheiten zu persönlichen Beziehungen mangeln. Hindernisse und Schwierigkeiten im Sexualleben sind zu erwarten. Falls du dir zur Zeit ein Kind wünschst, wird es für dich nicht einfach sein, schwanger zu werden – es können auch Probleme in einer bestehenden Schwangerschaft auftreten. Hast du ältere oder erwachsene Kinder, wird es Probleme mit ihnen geben. Wie du siehst, sind die Prognosen nicht vielversprechend.

Das sechste Haus: Haus der Jungfrau – Merkur als Abendstern

Bewußte Bedürfnisse – Gesundheit – Arbeit

Vorhersage: Dein alltägliches Leben ist nicht immer gut organisiert, obwohl du pflichtbewußt und verantwortungsvoll bist. Deine selbstkritische Lebenshaltung kann zu chronischen gesundheitlichen Störungen führen. Achte sehr auf deine Gesundheit, denn falls du krank bist, wirst du dich im Lichte dieser Karte nicht so schnell erholen. Deine Atmungsorgane sind gefährdet, nimm eine Erkältung nicht auf die leichte Schulter, denn es kann zu Komplikationen kommen. Die zwischenmenschlichen Beziehungen am Arbeitsplatz sind gespannt. Wahrscheinlich wirst du Schwierigkeiten bekommen – Mobbing oder Arbeitsverlust nicht ausgeschlossen.

Das siebte Haus: Haus der Waage – Venus als Abendstern

Wir und sie – Partnerschaft – Mitarbeit – Ehe

Vorhersagen: Du mußt mit häuslichen Schwierigkeiten rechnen. Deine Ehe oder deine Beziehung wird auf die Probe gestellt, aber Krisen sind dazu da, gemeistert zu werden. Jeder weiß, wie gut eine Versöhnung tut. Jedoch läßt sich die Beziehung nicht immer kitten, manchmal muß man sich trennen oder sich sogar scheiden lassen. Im beruflichen Leben kannst du auch auf Probleme stoßen, mehr Fingerspitzengefühl bei Verhandlungen ist nötig.

Das achte Haus: Haus des Skorpions – Pluto

Die Werte anderer – Vererbung – Regeneration – Wiedergeburt – Tod

Vorhersage: Das Motto dieses Hauses lautet »wir haben«, es steht mit Geld in Verbindung. Die Wolken versprechen Verspätungen und Verluste unterschiedlicher Art. Im Falle einer Scheidung sind Verluste durch die Alimentevereinbarungen möglich. Aufgrund von Erbschaften oder anvertrauten Gütern kann es zu Rechtsstreitigkeiten kommen.

Das neunte Haus: Haus des Schützen – Jupiter

Philosophie – Reisen – Religion – Inspiration

Vorhersage: Gute Gründe führen dazu, daß du deinen Horizont erweiterst. Dein Geist ist hell und klar. Im spirituellen Bereich bist du zu großer Askese fähig. Du beschäftigst dich nicht mit belanglosen Dingen oder Gedanken. Manchmal kannst du gegenüber Religion und Ethik eine engstirnige Einstellung haben. Vorsicht auf Reisen, bereite dich gut auf längere Reisen vor, vergiß die Schutzimpfungen nicht. Es drohen Gefahren!

Das zehnte Haus: Haus des Steinbocks – Saturn

»Die Krone« – Karriere – Machtposition – Anerkennung – Ehre – Berufung

Vorhersage: Deine sehr starken beruflichen Ambitionen werden im Lichte dieser Karte leider nicht erfüllt. Du bist fest entschlossen, deine soziale und berufliche Unabhängigkeit zu erlangen. Scheue dich nicht, andere um Hilfe und Rat zu bitten. Du bist nicht allwissend! Deine Mitmenschen haben dir etwas zu geben.

Das elfte Haus: Haus des Wassermanns – Uranus

Ambitionen – Pläne – Vereinigung – Freundschaften

Vorhersage: Beziehungen und Freundschaften sind stets von Mißtrauen geprägt. Diesmal werden sie auf die Probe gestellt – die wahren Freunde erkennt man meist in der Not. Manche Enttäuschung kann wirklich weh tun, das bekommst du im Lichte dieser Karte zu spüren. Dein Vertrauen wird mißbraucht, Versprechen werden nicht gehalten. Du fühlst dich ausgenutzt und betrogen. Deine Zukunftspläne müssen nochmals durchdacht und geändert werden.

Das zwölfte Haus: Haus der Fische – Neptun

Unbewußte Bedürfnisse – seelische Kraft – Abgeschlossenheit

Vorhersage: Du wirst mit Prüfungen und Schwierigkeiten konfrontiert. Eigentlich bist du gut darauf vorbereitet, aber trotzdem kannst du in Einsamkeit und Depressionen versinken, wenn du keine Vorsorgemaßnahmen ergreifst. Hole dir neue Kraft, suche sie überall, z.B. in der Natur, in der praktischen Arbeit mit anderen; besuche kranke und einsame Menschen etc.

Karte Nr. 7 – Die Schlange – Kreuz-Dame

Grundbedeutung: Gefahr, Verwicklungen, Komplikationen, Straßen und Wege, eine Personenkarte, eine intelligente Frau, Mutter, Schwester, Tochter, Geliebte.

Die Schlangenkarte besitzt plutonische Eigenschaften. Pluto ist der mythologische Gott der Unterwelt, zu ihm gehören Giftpflanzen, schwarze Perlen, Stinktiere, Höhlentiere, Sonderlinge und Intriganten, Gifthändler und Magier. Pluto birgt noch viele Geheimnisse in sich und regiert das Zeichen des Skorpions. Durch seinen erzieherischen Aspekt wirkt Pluto destabilisierend. Er stört, verwirrt, bringt durcheinander, schafft aber auch Raum für neue Ordnung. Seine Anwesenheit im Zodiak sagt etwas aus über die Entwicklung des Menschen, über seine geistigen und körperlichen Ressourcen und seine Fähigkeit, zurückzugehen und in seinem Leben einen echten Wandel zu vollziehen.

Kreuz-Dame rät uns, nicht nur unsere Umwelt genauer

zu betrachten, sondern auch uns selbst. Wir sollten die Schatten in uns erkennen und anderen nicht zu viel vertrauen.

Das erste Haus: Haus des Widders – Mars

Ego – Dasein – die »Persona«, die Maske, die man trägt – die eigene Persönlichkeit

Du verstehst dich in der Kunst der Verführung und des Verzauberns – intelligent, scharfsinnig, mit einem anziehenden Lächeln, einem Blick, der durchdringt und hypnotisiert. Du brauchst Bewunderung und Liebe, manchmal bist du faul, aber im Grunde genommen bist du ehrgeizig genug, deine Ziele zu verwirklichen. Um Hindernisse zu umgehen, schlängelst du dich gerne durch, wählst nie den direkten Weg. Versuche es diesmal anders!

Vorhersage: Eine geheimnisvolle Frau wird einen Einfluß auf dich haben (besonders, wenn du männlich bist). Vorsicht, es lauern Gefahren!

Das zweite Haus: Haus des Stiers – Venus als Morgenstern

Eigene Werte – Besitz – Finanzen

Vertraue auf deinen unbeirrbaren Instinkt und auf deine Intuition. Du kannst durch verborgene finanzielle Möglichkeiten zu Geld kommen. Jedoch solltest du in geschäftlichen Dingen ganz vorsichtig handeln; laß dich nicht zu schnell verführen und blenden. Meistens bist du die Person, die gerne verführt.

Vorhersage: Mache keine Fehler bei der Einschätzung deiner Finanzen, verleihe keine größeren Summen, es drohen Verwicklungen.

Das dritte Haus: Haus der Zwillinge – Merkur als Morgenstern

Information – Kontakt zu anderen – Austausch – Kommunikation

Du übst gerne Macht und Einfluß auf andere aus. Dir gefallen Geheimnisse, die du auch zu pflegen versuchst. Du hörst nicht auf die Ratschläge anderer und magst es nicht, wenn sich jemand in deine Angelegenheiten einmischt. Das macht dich im Umgang mit anderen nicht immer beliebt.

Vorhersage: Es kann zu Zwistigkeiten kommen! Für alle, die lernen und studieren: Bitte strengt euch an! Intelligenz ist gefragt, ihr müßt sie beweisen. Bei kleinen Reisen ist Vorsicht geboten!

Das vierte Haus: Haus des Krebses – Mond

Deine Wurzeln – dein Haus – Tradition – Sicherheit

Du möchtest innerhalb deiner eigenen vier Wände den Ton angeben und Einfluß auf deine Nächsten ausüben. Jedoch kannst du ohne die Liebe deiner Familie nicht existieren, sie gibt dir den Halt und die Wärme, die du zum Leben brauchst.

Vorhersage: Eine geheimnisvolle, intelligente Frau (Ehefrau, Mutter, Geliebte etc.) kann in dein Leben treten und eine wichtige Rolle spielen. Eine radikale häusliche Veränderung kann nicht ausgeschlossen werden, diese kann sich auch negativ auswirken.

Das fünfte Haus: Haus des Löwen – Sonne

Ausdruckskraft – Vergnügen – Gestaltung – Entwicklung – Kinder

Deine vitale Energie ist versteckt und geheimnisvoll, aber du bist kräftig und voller Reserven. Die schöpferische Kraft des Hauses kann sich bei dir auf verschiedene Art äußern. Die Liebe kann dir Flügel verleihen, sie wirkt auf dich wie eine Wiedergeburt. Laß nicht zu, daß sie von unbeherrschbaren körperlichen Bedürfnissen bestimmt ist. Du willst dein Leben in allen seinen Erscheinungsformen genießen und tust alles, um deine Wünsche und deinen Ehrgeiz zu befriedigen.

Vorhersage: Laß dich von dieser geheimnisvollen Frau (die Schlange) verführen. Mit ihr kannst du dich auf ein Abenteuer einlassen, vielleicht wird auch mehr daraus. Sie ist eine interessante und oft aufregende Person.

Ist die fragende Person weiblich: Du kannst ein Abenteuer mit einer Freundin wagen. Sei dabei aber vorsichtig.

Das sechste Haus: Haus der Jungfrau – Merkur als Abendstern

Bewußte Bedürfnisse – Gesundheit – Arbeit

Vorhersage: Du liebst das Risiko im alltäglichen Leben. Wenn es darum geht, dein Ziel zu erreichen, kannst du außerordentlich kaltblütig und sachlich sein. Meistens bekommst du alles, was du willst, aber im Lichte dieser Karte mußt du vorsichtiger handeln, es kann Komplikationen geben – sie können sich auf beruflichem Terrain abspielen. Eine weibliche Person, z.B. deine Chefin, kann eine entscheidende Rolle spielen. Du neigst zu psychosomatischen Störungen und Krankheiten. Lerne, dich zu entspannen, am besten durch Sport und Bewegung.

Das siebte Haus: Haus der Waage – Venus als Abendstern

Wir und sie – Partnerschaft – Mitarbeit – Ehe

In der Liebe erwartest du alle Aufmerksamkeit und bist eifersüchtig. Deine oberflächliche Sinnlichkeit läßt dich überaus verführerisch wirken. Du möchtest vor allem geliebt, bewundert und begehrt werden. Deine Treue ist durch einen extremen Besitzanspruch bedingt. Du hast ein Bedürfnis nach intensivem, leidenschaftlichem Austausch und das Verlangen nach instinktiver und sexueller Vereinigung.

Vorhersage: Es besteht eine Gefahr oder eine Chance in der Liebe, verführt und gelockt zu werden, je nachdem, ob du Single bist oder nicht. Verführe deinen Partner, laß die alten Gefühle wieder erblühen, erhalte deine Beziehung frisch.

Das achte Haus: Haus des Skorpions – Pluto

Die Werte anderer – Vererbung – Regeneration – Wiedergeburt – Tod

Vorhersage: Du hast eine ausgeprägte Fähigkeit, dich zu regenerieren und dich wieder aufzurichten. Deine innere Kraft, eher seelisch als körperlich, ist sehr tief in dir begründet.

Du bist eine starke Person und in Lebenskrisen verlierst du nicht sofort deinen Kopf. Freue dich, daß du so ausgestattet bist. Nutze die inneren Kräfte! Mit dem Geld von anderen (Alimente), Versicherungen, Steuern und Erbschaften könnten Probleme auftauchen.

Das neunte Haus: Haus des Schützen – Jupiter

Philosophie – Reisen – Religion – Inspiration

Deine Neugier bewegt dich dazu, deinen Horizont zu erweitern. Dein Geist ist nonkonformistisch. Dank deiner Intuition kannst du zu wertvollem Wissen gelangen. Viele zeigen Talent zu geistiger Führerschaft, vielleicht auch du.

Vorhersage: In diesem Haus symbolisiert die Schlange Serpentinen, Landstraßen, Wanderwege, was dir nichts anderes verspricht als die Möglichkeit, zu verreisen und neues Terrain zu erkunden. Sei unterwegs immer vorsichtig! Studierende und Lernende müssen sich mehr Zeit zum Lernen reservieren, Intelligenz ist gefragt.

Das zehnte Haus: Haus des Steinbocks – Saturn

»Die Krone« – Karriere – Machtposition – Anerkennung – Ehre – Berufung

Vorhersage: Die Suche nach Unabhängigkeit stimmt mit dem Wunsch überein, ausgetretene Pfade zu verlassen und auf besondere Art erfolgreich zu sein. Du hast einen starken Erfolgstrieb und würdest gerne eine bessere Weltordnung schaffen. Durch deinen Weitblick und deine ausgeprägte Willenskraft kannst du eine gute Position erreichen – vielleicht kann dir dabei eine Frau (Schlange) behilflich sein.

Das elfte Haus: Haus des Wassermanns – Uranus

Ambitionen – Pläne – Vereinigung – Freundschaften

Vorhersage: Beziehungen zu Freunden sind stimulierend und bereichernd, aber im Lichte dieser Karte solltest du dich auch auf Unannehmlichkeiten von seiten deiner sogenannten Freunde einstellen. Angriffe kannst du sehr gut abwehren. Du kannst deinen Gegnern Angst einjagen, besonders, wenn du Menschen verteidigen mußt, die dir sehr nahestehen. Manchmal handelt es sich um die Freundschaft zu einer Frau, die intelligent, aber auch gefährlich sein kann. Vorsicht ist geboten.

Das zwölfte Haus: Haus der Fische – Neptun

Unbewußte Bedürfnisse – seelische Kraft – Abgeschlossenheit

Vorhersage: Du besitzt ungeahnte innere Kräfte, bist mutig, kämpferisch und würdest dich nie ergeben. Du überschreitest sehr oft deine Grenzen und willst dadurch unterbewußt deine Stärke und Widerstandsfähigkeit unter Beweis stellen. So forderst du Prüfungen und Schwierigkeiten ungewollt heraus. Du kannst die Lage sehr gut beurteilen, manchmal kannst du Ereignisse sogar vorhersagen. Ziehe dich ab und zu zurück, um zu meditieren und neue Kräfte zu sammeln.

Karte Nr. 8 – Der Sarg – Karo-9

Grundbedeutung: das Ende, Verlust, Krankheit, Medialität, Abschied, Abschluß

Die Sargkarte enthält neptunische Eigenschaften, die als »transformativ« gelten, die Karte stellt diese Transformation dar. Die Position des Neptuns im Geburtshoroskop verrät etwas über die Veränderungsfähigkeit des Betreffenden und sagt etwas aus über die höhere Ebene des Geistes und über die Bereitschaft des Betreffenden, davon Gebrauch zu machen. Die Karte des Sarges assoziieren wir auch mit den letzten Sternzeichen – den Fischen, die unseren Zodiak schließen und somit den Tod versinnbildlichen.

Karo-9 setzt sich mit dem Thema »Tod« auseinander. Gemeint ist hier das Ende einer Entwicklung und die Beendigung verschiedener Situationen, die gleichzeitig einen Neuanfang in sich tragen. Immer, wenn irgendwas zu Ende geht, wird Platz für etwas Neues geschaffen.

Das erste Haus: Haus des Widders – Mars

Ego – Dasein – die »Persona«, die Maske, die man trägt – die eigene Persönlichkeit

Du bist sehr empfänglich, intuitiv und sensibel. Manchmal kannst du inspirierte Visionen haben, die sich in deinen lebendigen und prophetischen Träumen äußern. Du weißt ganz genau, daß dein Körper dem Geist dient.

Vorhersage: Die Karte des Sarges im ersten Haus gehört nicht zu den glücklichsten Stellungen. Die kommende Zeitspanne, die du vor der Auslegung selbst bestimmen mußt, wird sich als nicht zufriedenstellend erweisen. Es kann ein Problem auftreten, eine Krankheit, die länger dauert, ein Abschied oder Verlust. Damit etwas Neues entstehen kann, muß das Alte zu Ende gehen. Alles im Leben ist vergänglich.

Das zweite Haus: Haus des Stiers – Venus als Morgenstern

Eigene Werte – Besitz – Finanzen

Vorhersage: Du mußt lernen, mit beiden Füßen auf der Erde zu stehen. Diese Kartenposition ist unvorteilhaft für deine finanziellen Angelegenheiten. Es wird Verluste geben und ständige Geldschwierigkeiten, unbezahlte Rechnungen können zu schaffen machen. Es gibt die Gefahr, von anderen ausgenutzt zu werden, und du wirst finanzielle Unterstützung brauchen. Ziehe auch das sechste Haus zu Rate, das über das tägliche und das berufliche Leben Auskunft gibt.

Das dritte Haus: Haus der Zwillinge – Merkur als Morgenstern

Information – Kontakt zu anderen – Austausch – Kommunikation

Du bist sehr sensibel für Stimmungen und ein bißchen verträumt. Als intuitiver Denker bist du besonders empfänglich für Ideen einer höheren Bewußtseinsebene. Du vermittelst gerne Informationen und fühlst dich in dieser Rolle wohl.

Vorhersage: Deine Bemühungen werden nicht anerkannt, im Umgang mit anderen (z.B. mit Geschwistern) kannst du Kommunikationsschwierigkeiten haben. Lernende und Studierende müssen mit Pech rechnen, vorausgesetzt, sie nehmen das Lernen ernster.

Das vierte Haus: Haus des Krebses – Mond

Deine Wurzeln – dein Haus – Tradition – Sicherheit

Du bist emotional sehr stark mit der Familie verbunden, so richtig abnabeln konntest du dich nicht. Du bemutterst andere gerne, bist aufopferungsvoll und hast das Bedürfnis, den Schwachen zu helfen.

Vorhersage: Kummer und Sorgen, vielleicht durch eine Krankheit oder aus anderen Gründen. Im Lichte dieser Karte empfehle ich, die Wohnung (das Haus) zu versichern. Deine Hoffnungen, die du in die Familie setzt, werden sich nicht erfüllen.

Das fünfte Haus: Haus des Löwen – Sonne

Ausdruckskraft – Vergnügen – Gestaltung – Entwicklung – Kinder

Deine vitale Energie ist nicht so deutlich ausgeprägt wie bei anderen, aber in dir schlummern unerwartete Ressourcen. Mit deiner intuitiven Inspiration kannst du viel erreichen. Versuche Gedichte zu schreiben! Du hast eine besondere Beziehung zu Liebe, die als absolute Vereinigung mit dem Partner verstanden wird.

Vorhersage: Dein Verlangen nach Liebe und Anerkennung wird nicht erfüllt, du mußt mit Enttäuschungen rechnen. Die nahe Zukunft wird dir wenige Gelegenheiten zum Ausgehen bieten, oder du wirst dabei enttäuscht. Die eigenen Kinder gehören auch zum fünften Haus, sie können dir Sorgen (z.B. durch Krankheit) bereiten.

Das sechste Haus: Haus der Jungfrau – Merkur als Abendstern

Bewußte Bedürfnisse – Gesundheit – Arbeit

Du bist immer auf der Suche nach dem Erhabenen und dem Außerordentlichen, ein armseliges Leben kannst du dir nicht vorstellen.

Vorhersage: Sei auf der Hut, im Beruf lauern Gefahren. Du kannst deinen Arbeitsplatz verlieren, jedoch ist ein Ende auch immer mit einem Neuanfang verbunden. Manchmal kündigt sich so eine neue Lebensphase an. Nimm alles nicht zu ernst. Schenke deiner Gesundheit auch mehr Aufmerksamkeit, so kannst du vielen Krankheiten vorbeugen. Vermeide Drogen, Alkohol und Zigaretten!

Das siebte Haus: Haus der Waage – Venus als Abendstern

Wir und sie – Partnerschaft – Mitarbeit – Ehe

Du hast ein Bedürfnis nach subtilem, tiefem, einfühlsamem Austausch. In der Liebe bist du aufopferungsbereit, hingebungsvoll und einfühlsam. Trotzdem kommt dir das Leben manchmal ungerecht vor.

Vorhersage: Die Karte des Sarges ist in diesem Haus leider nicht günstig. Schwierigkeiten in der Partnerschaft sind programmiert. Das kann beispielsweise an Charakterunterschieden oder Untreue liegen. Versuche nachzudenken, und ziehe daraus Schlüsse für die Zukunft.

Das achte Haus: Haus des Skorpions – Pluto

Die Werte anderer – Vererbung – Regeneration – Wiedergeburt – Tod

Ungeahnte Kraftquellen schlummern in dir, du bist nicht so schwach, wie du denkst. Du bist äußerst spirituell veranlagt, neigst zum Aberglauben und zum Mystizismus. Deine Feinfühligkeit und lebhafte Vorstellungskraft machen dich sehr empfindsam. Das Unbewußte ist deine Welt, jedoch mußt du lernen, den Traum von der Wirklichkeit zu trennen.

Vorhersage: Im finanziellen Bereich mußt du sehr vorsichtig sein. Es drohen Verlust, Schulden, Betrug und Mißverständnisse. Vorsicht vor Unfällen und vor Krankheiten. Es ist möglich, daß du von einem Todesfall erfährst, z.B. in der Familie oder im Bekanntenkreis.

Das neunte Haus: Haus des Schützen – Jupiter

Philosophie – Reisen – Religion – Inspiration

Du erweiterst deinen Horizont instinktiv und spirituell. Du verspürst den Drang nach Weite und Erweiterung und fühlst dich überall zu Hause.

Vorhersage: Im Lichte dieser Karte bleibst du diesmal wirklich zu Hause, ziehe das zweite Haus zu Rate, das für Finanzen verantwortlich ist. Vielleicht mußt du deinen

Gürtel enger schnallen. Wenn das nicht der Fall ist, sei bei der Reise ganz vorsichtig, es könnte eine sorgenvolle Reise werden, vielleicht durch plötzliche Krankheit. Lernende und Studierende sollen sich in acht nehmen und mehr Zeit dem Lernen widmen.

Das zehnte Haus: Haus des Steinbocks – Saturn

»Die Krone« – Karriere – Machtposition – Anerkennung – Ehre – Berufung

Vorhersage: Die Suche nach Unabhängigkeit stimmt mit dem Bedürfnis überein, tiefe, wesentliche Wünsche zu erfüllen. Dein gesellschaftliches Fortkommen wird nicht leicht, es wird eher frustrierend und unsicher sein. Ziehe noch das sechste Haus zu Rate, das für die Arbeit verantwortlich ist. Wenn dort eine schlechte Karte liegt, dann sind die Chancen für Erfolg miserabel. Selbstverständlich gilt diese Prognose nur für die nahe Zukunft.

Das elfte Haus: Haus des Wassermanns – Uranus

Ambitionen – Pläne – Vereinigung – Freundschaften

Dein inneres Gleichgewicht wird von emotionaler Unruhe aus dem Lot gebracht. Deine tollen Pläne sind sehr oft unrealistisch, verliere nicht den Boden unter den Füßen. Sei vorsichtig bei der Wahl deiner Freunde. Die freundschaftlichen Beziehungen erweisen sich sehr oft als unzuverlässig und trügerisch. Vielleicht haben manche Freundschaften ihren Sinn längst verloren, oder eine Freundschaft wird plötzlich beendet.

Ein Tip für die Zukunft: Gerate nicht in schlechte Gesellschaft – sehr oft hat sie mit Drogenmißbrauch zu tun.

Das zwölfte Haus: Haus der Fische – Neptun

Unbewußte Bedürfnisse – seelische Kraft – Abgeschlossenheit

Vorhersage: Sei nicht so hilflos bei Prüfungen und Schwierigkeiten, du kannst sie sehr oft gut voraussehen. In dir schlummern innere verborgene Kräfte, lerne, zu meditieren, mache Yogaübungen – du hast den Draht dazu. Ziehe dich lieber in die Stille und Abgeschiedenheit zurück, um den Weg nach innen zu finden.

Karte Nr. 9 Der Blumenstrauß – Pik-Dame

Grundbedeutung: Freude, Besuch, Höflichkeit, Zufriedenheit, Geschenk, kleine Gesellschaft, eine Personenkarte z.B. eine nette Freundin

Diese Karte zeigt gewisse Assoziationen mit den Luftzeichen, die als kommunikativ gelten, Wert auf Gefühle legen und sehr gesellig sind. Sie schaffen Verbindungen zwischen allen anderen, liefern einen interessanten Gesprächsstoff und sind nette Gesellschafter. Die astrologische Waage kann unserer Blumenkarte die Hand reichen. Ihre Stärke liegt in der Kontaktfreudigkeit und in einer Vorliebe für alles Schöne. Sie ist eben eine echte Blume unter allen anderen Blumen oder sogar ein ganzer Blumenstrauß.

Pik-Dame steht für eine unerwartete Überraschung, manchmal ein Geschenk, das nicht nur materiell, sondern auch emotional gedeutet werden kann.

Das erste Haus: Haus des Widders – Mars

Ego – Dasein – die »Persona«, die Maske, die man trägt – die eigene Persönlichkeit

Du bist charmant, sympathisch und hast ein Bedürfnis nach Austausch, Kontakten und Veränderungen. Du pflegst gerne Freundschaften und liebst den regen Gedankenaustausch. Vom Temperament her bist du anpassungsfähig, intelligent, gesellig und gelassen.

Vorhersage: Eine zufriedene und abwechslungsreiche Zeit steht dir bevor. Harmonie und Freude stehen hoch im Kurs. Du wirst dich nicht langweilen, laß dich angenehm überraschen.

Das zweite Haus: Haus des Stiers – Venus als Morgenstern

Eigene Werte – Besitz – Finanzen

Vorhersage: Du bist eine extravagante Person, die Wert auf schöne Kleider und Mode legt. Schönen Dingen kannst du einfach nicht widerstehen, am liebsten würdest du dir alles leisten können. In der Einschätzung deiner Finanzen machst du sehr oft Fehler oder bist unvorsichtig. Jedoch gibt es diesmal gute Prognosen: Freue dich, denn durch diese Karte kann auch finanzieller Gewinn angezeigt werden, z.B. eine unerwartete Prämie, ein Lottogewinn oder ganz einfach ein Kontostand ohne Schulden.

Das dritte Haus: Haus der Zwillinge – Merkur als Morgenstern

Information – Kontakt zu anderen – Austausch – Kommunikation

Du pflegst harmonische und ausgeglichene Beziehungen, die einen emotionalen und brüderlichen Charakter haben. Du bist sehr geschickt im Umgang mit anderen und zeigst Interesse für Kommunikation jeder Art, sei es beruflich oder privat. Anspruchsvolle Tätigkeiten machen dir Spaß. Es sind auch kurze Reisen möglich – zum Vergnügen oder aus beruflicher Verpflichtung.

Vorhersage: Auf dich warten Abwechslung und Freude. Für Studierende und Lernende: Lernen kann manchmal Spaß machen – bestandene Prüfungen werden gebührend gefeiert.

Das vierte Haus: Haus des Krebses – Mond

Deine Wurzeln – dein Haus – Tradition – Sicherheit

Du pflegst eine enge Bindung zu deiner Familie und stehst gerne im Mittelpunkt. Ihr telefoniert oft miteinander, und man ist immer auf dem laufenden. Die Beziehung ist meistens harmonisch, man besucht sich gegenseitig und genießt das Zusammensein.

Vorhersage: Du hast einen Grund zur Freude, vielleicht

bekommst du eine Einladung aus besonderem Anlaß, z.B. zu einer Hochzeit. Familienleben ist für dich unerläßlich für das seelische Gleichgewicht. Erhalte deine Beziehung frisch.

Das fünfte Haus: Haus des Löwen – Sonne

Ausdruckskraft – Vergnügen – Gestaltung – Entwicklung – Kinder

Du hast eine angenehme und sympathische Ausstrahlung und räumst Vergnügungen einen vorrangigen Platz ein. Deine vitale Energie ist harmonisch und wird voll ausgeschöpft.

Vorhersage: Es ergeben sich viele Gelegenheiten für gemütliche Stunden zu zweit (Single werden neue Bekanntschaften machen), du wirst einen regen Anteil am gesellschaftlichen Leben haben (Theater, Konzerte und andere Aktivitäten). Die Mutterrolle überfordert dich manchmal, aber im großen und ganzen wirst du dich gut mit deinen Kindern verstehen. Eine sehr gute Zeit für eine Schwangerschaft.

Das sechste Haus: Haus der Jungfrau – Merkur als Abendstern

Bewußte Bedürfnisse – Gesundheit – Arbeit

Du arbeitest gerne unter angenehmen und bequemen Bedingungen, deine Arbeit muß dich motivieren.

Vorhersage: Du wirst gute Beziehungen zu deinen Vorgesetzten aufbauen, die Arbeit macht dir wieder Spaß. Das wird auch bemerkt werden, es entstehen neue Chancen und Ausblicke im Beruf. Das Glück lächelt dich an. Gesundheitlich kannst du dich nicht beschweren. Du bist topfit.

Das siebte Haus: Haus der Waage – Venus als Abendstern

Wir und sie – Partnerschaft – Mitarbeit – Ehe

Du bevorzugst intelligente Kontakte mit anderen und der Außenwelt. In deiner Beziehung spielen Gefühle eine wichtige Rolle. Es fällt dir schwer, von Menschen umgeben zu sein, die du nicht magst oder von denen du glaubst, daß sie dich nicht mögen.

Vorhersage: Eine gute Zeit zum Heiraten steht dir bevor. In der Ehe findest du Erfüllung und Glück. Alte Beziehungen werden neu erblühen, wenn man sich ein bißchen darum bemüht. Die Blumenkarte sorgt für eine schöne Zeit zu zweit.

Das achte Haus: Haus des Skorpions – Pluto

Die Werte anderer – Vererbung – Regeneration – Wiedergeburt – Tod

Vorhersage: Durch eine Heirat kannst du finanzielle Vorteile erzielen. Im Lichte dieser Karte spricht man sehr oft vom Gewinn durch Ehe, durch Erbschaften, reiche Geschenke, Gesellschaften und durch den Tod. Regenerationsfähigkeit beruht auf dem Gleichgewicht und wird durch einen klaren Verstand unterstützt. Erlaube nicht, daß intensive Emotionen die Oberhand übernehmen.

Das neunte Haus: Haus des Schützen – Jupiter

Philosophie – Reisen – Religion – Inspiration

Vorhersage: Eine Vergnügungsreise ist bei dir immer herzlich willkommen – einerseits willst du deinen Horizont erweitern, andererseits willst du Spaß haben und deine Freude mit anderen teilen. Wer will das nicht? Eine Reise ist immer mit Abenteuer verbunden, sehr oft sogar mit Liebe. Es ist auch möglich, daß du jemanden im Ausland kennenlernst. Du zeigst auch Interesse an Philosophie und an höherer Bildung. Nutze die Gunst der Stunde, »Carpe diem« – wie die alten Römer sagten –, viel Spaß beim Verreisen und beim Lernen.

Das zehnte Haus: Haus des Steinbocks – Saturn

»Die Krone« – Karriere – Machtposition – Anerkennung – Ehre – Berufung

Du bist süchtig nach Unabhängigkeit, die du durch deine Intelligenz und Umgänglichkeit erlangen kannst. Einflußreiche Menschen, sehr oft Frauen, können dir bei deinem Erfolg behilflich sein, von ihnen kannst du Anerkennung und Unterstützung bekommen. Manchmal kann die Ehe mit einer Person aus einer höheren Gesellschaftsschicht zum Erfolg führen.

Ein Tip für die Zukunft: Arbeite hart an deinen Projekten, Aufgaben und Zielen, so kannst du sicher gesellschaftliche Anerkennung erreichen.

Das elfte Haus: Haus des Wassermanns – Uranus

Ambitionen – Pläne – Vereinigung – Freundschaften

Du hast vielfältige und unterschiedliche Beziehungen zu Freunden. Du bist nett zu ihnen, und dasselbe erwartest du auch von ihnen. Oft wird aus Liebe Freundschaft, und umgekehrt. Du bist clever und originell, eine interessante Mischung aus weisem Philosophen und sorglos sonnigem Clown, das mögen deine Freunde an dir.

Vorhersage: Deine Pläne, Hoffnungen und Wünsche haben gute Chancen, erfüllt zu werden.

Das zwölfte Haus: Haus der Fische – Neptun

Unbewußte Bedürfnisse – seelische Kraft – Abgeschlossenheit

Vorhersage: Bei Prüfungen und Schwierigkeiten reagierst du eher sorglos, du hast eine wunderbare Gabe, die dir in jeder Situation hilft, nämlich einen ausgeprägten Sinn für Humor. Du sehnst dich nach dem idealen Ausgleich und strebst immer die goldene Mitte an. Dein Geist inspiriert dich, du suchst Herausforderungen, willst unbedingt etwas leisten, und im Lichte dieser Karte wird dir vieles gelingen – großartige Ergebnisse sind zu erwarten.

Karte Nr. 10 – Die Sense – Karo-Bube

Grundbedeutung: Gefahr, Vorsicht, Schrecken

Bekannt sind drei Stellungen der Sense:

- davor: warnt vor Gefahr
- dahinter: etwas erschreckt, geschieht plötzlich
- darüber: bedrückt und belastet

Die Sense besitzt uranische Eigenschaften, da der Uranus für alle plötzlichen Veränderungen und Unglücksfälle, für unvorhergesehene und meist katastrophale Ereignisse verantwortlich ist. Erscheint diese Karte in einem Haus, dann ist immer große Vorsicht geboten. Sie warnt vor Gefahr, sie belastet und erschreckt.

Astrologisch entspricht der Sensekarte das Wassermannzeichen. Der Wassermann ist stets auf der Suche nach Veränderung und nach dem großen Umbruch.

Karo-Bube verkörpert unsere Lebensprüfungen und unsere Einstellung dazu. Wir sind immer wieder ermahnt worden, daß wir nur das ernten, was wir gesät haben. Diese Wahrheit müssen wir erkennen.

Das erste Haus: Haus des Widders – Mars

Ego – Dasein – die »Persona«, die Maske, die man trägt – die eigene Persönlichkeit

Du neigst dazu, von einem Extrem ins andere zu fallen, sehr oft zeigst du dich als eine exzentrische und schwierige Person – du willst dich nicht unterordnen. Ruhelosigkeit und der Drang nach Abwechslung beherrschen dein Denken.

Vorhersage: Deine Dynamik und die Fähigkeit, spontan zu handeln, sind bedroht, deine Haltung und deine Ziele werden ständigem Wechsel unterworfen. Pflege dich gut! Ansonsten ist Vorsicht geboten.

Das zweite Haus: Haus des Stiers – Venus als Morgenstern

Eigene Werte – Besitz – Finanzen

Entweder lebst du in ungeordneten finanziellen Verhältnissen, oder du kannst überhaupt nicht mit Geld umgehen und wirtschaften. Es kann sein, daß du plötzlich Geld verdienst oder verlierst. Du kennst den Spruch: »Wie gewonnen, so zerronnen«, versuche etwas dagegen zu tun, sei nicht so eigenwillig, nimm die Ratschläge anderer Personen an.

Vorhersage: Warnung vor Schulden und unbezahlten Rechnungen!

Das dritte Haus: Haus der Zwillinge – Merkur als Morgenstern

Information – Kontakt zu anderen – Austausch – Kommunikation

Vorhesage: Du zeigst einen rebellischen Geist, manchmal sind deine Äußerungen unangebracht aggressiv oder schroff, deswegen kommt es zu Mißverständnissen mit deiner Umgebung (Familie, Nachbarn, andere). Von der Meinung anderer wird dein Denken nicht beeinflußt, du bist geistig unabhängig, und das willst du auch zeigen. Plötzliche Ortsveränderungen sind möglich. Vorsicht vor Unfällen während des Reisens, während der Arbeit oder sonstwo. Studenten und Schüler müssen dem Lernen mehr Zeit widmen.

Das vierte Haus: Haus des Krebses – Mond

Deine Wurzeln – dein Haus – Tradition – Sicherheit

Vorhersage: Deine geistige Unabhängigkeit macht dich nicht immer beliebt, Mißverständnisse, Zwistigkeiten mit

Familienmitgliedern sind programmiert. Es ist auch möglich, daß du plötzlich die Wohnung wechselst oder andere Veränderungen im häuslichen Bereich vornimmst. Es ist immer ratsam, das Haus oder die Wohnung zu versichern. Du kannst auch mit negativen Nachrichten rechnen, die Krankheit oder andere Sorgen betreffen.

Das fünfte Haus: Haus des Löwen – Sonne

Ausdruckskraft – Vergnügen – Gestaltung – Entwicklung – Kinder

Vorhersage: Deine vitale Energie ist dynamisch, impulsiv, aber manchmal überraschend labil, versuche, sie nicht zu vergeuden. Du kannst dich überraschenderweise schnell und unglücklich verlieben, diese Liebesaffären brechen plötzlich wieder ab. Sei vorsichtig, damit du aus dieser kurzen Beziehung nicht ungewollt schwanger wirst. Bist du eine glückliche Schwangere, dann gehe regelmäßig zur Arztkontrolle, denke an dich und an das Baby. Es könnte Probleme geben.

Das sechste Haus: Haus der Jungfrau – Merkur als Abendstern

Bewußte Bedürfnisse – Gesundheit – Arbeit

Du bist manchmal unbeständig, du neigst zu Nervenkrankheiten, Migräne und Augenleiden. Entspanne dich mehrmals am Tag. Du bevorzugst selbständige und freie Berufe. Dir fällt es manchmal sehr schwer, Routinearbeiten zu akzeptieren, deswegen wechselst du häufig deine Anstellung.

Vorhersage: Du kannst deinen Arbeitsplatz verlieren oder Ärger mit deinen Mitarbeitern bekommen. Es besteht die Gefahr eines Unfalls, nicht unbedingt bei der Arbeit. Paß gut auf dich auf!

Das siebte Haus: Haus der Waage – Venus als Abendstern

Wir und sie – Partnerschaft – Mitarbeit – Ehe

Du hast ein Bedürfnis nach vielfältigem, lebhaftem und erfreulichem Austausch. Du hast einen Sinn für Solidarität und triffst dich gerne mit Freunden. Dein Freiheitsdrang und deine Unabhängigkeit stehen einer Heirat im Wege. Überlege gut, bevor du die Entscheidung fürs Leben triffst, heirate nicht unüberlegt. Eine unüberlegt geschlossene Ehe wird nicht halten.

Vorhersage: Eine Trennung oder sogar eine Scheidung ist nicht auszuschließen. Deine Beziehungen zur Öffentlichkeit werden auf die Probe gestellt, da kann einiges plötzlich zu deinen Ungunsten umschlagen.

Das achte Haus: Haus des Skorpions – Pluto

Die Werte anderer – Vererbung – Regeneration – Wiedergeburt – Tod

Vorhesage: Deine Vermögenslage kann sich plötzlich verändern und einen vorteilhaften oder unvorteilhaften Lauf nehmen. Dir ist bewußt, daß materielle Werte vergänglich und nur die geistigen Werte von Bedeutung sind. Du bist impulsiv und kannst dich ausgesprochen leicht loslösen.

Kleine Warnung: Vorsicht vor Unfällen!

Das neunte Haus: Haus des Schützen – Jupiter

Philosophie – Reisen – Religion – Inspiration

Vorhersage: Du kannst deinen Horizont durch neue Pläne und originelle Ideen erweitern. Ab und zu packt dich auch das Reisefieber. Sei unterwegs vorsichtig, und paß gut auf dich auf, es könnten Gefahren lauern. Interessiert dich nicht das Ungewöhnliche, z.B. Astrologie, Parapsychologie oder Telepathie? Dein Geist ist tiefgehend, nutze die Gabe.

Das zehnte Haus: Haus des Steinbocks – Saturn

»Die Krone« – Karriere – Machtposition – Anerkennung – Ehre – Berufung

Lerne, die Gelegenheit beim Schopf zu packen, nur so kannst du deine Unabhängigkeit erreichen. Du hast das Bedürfnis, frei und ohne Rücksicht auf andere zu handeln. Manchmal mußt du auch mit Hindernissen, Konflikten und Kämpfen rechnen.

Vorhersage: Plötzliche Veränderungen bezüglich deiner Stellung sind nicht ausgeschlossen. Wenn du Lust hast, deinen Beruf oder den Arbeitsplatz zu wechseln, tue das. Der Erfolg kann sich auch sehr spät und ganz unerwartet einstellen.

Das elfte Haus: Haus des Wassermanns – Uranus

Ambitionen – Pläne – Vereinigung – Freundschaften

Du machst zahlreiche Pläne, aber ob du sie umsetzen kannst, ist fraglich. Im Lichte dieser Karte werden manche Freundschaften auseinandergehen, einige Beziehungen erweisen sich als labil oder unaufrichtig.

Vorhersage: Es ist wahrscheinlich, daß du dich von einer Freundin trennst – diese Absicht hast du schon lange gehabt, nicht wahr? Es ist auch möglich, daß du plötzlich eine neue Freundin gewinnst.

Das zwölfte Haus: Haus der Fische – Neptun

Unbewußte Bedürfnisse – seelische Kraft – Abgeschlossenheit

Bei Prüfungen und Schwierigkeiten nutze die Umstände zu deinen Gunsten, und ziehe dich aus der Affäre. Du mußt dir eine Art moralische Unabhängigkeit bewahren, die dich verständnisvoll und tolerant macht.

Vorhersage: Du darfst dem Alltagsleben nicht den Rücken kehren, habe mehr Vertrauen zu dir selbst, und suche nach dem Außergewöhnlichen.

Karte Nr. 11 – Die Rute – Kreuz-Bube

Grundbedeutung: Sorgen, Probleme, Streit, Streitigkeiten, Kommunikation

Die Rutekarte zeigt gewisse Assoziationen mit den Feuerzeichen und steht unter dem Marseinfluß. Der Mars ist als wilder und stürmischer Kriegsgott und als Dämon der Gewalt bekannt. Astrologisch kann die Rutekarte dem Widder entsprechen, sie trägt zumindest seine Eigenschaften.

Feuerzeichenbetonte Menschen reagieren sehr oft cholerisch, aggressiv, hitzig und impulsiv. Die »Feuermenschen« begeistern sich rasch und stehen schnell in Flammen, sie sind leidenschaftlich, maßlos und neigen zu Übertreibungen.

Kreuz-Bube kann wirkliche Härte zeigen. Der junge Mann zeigt sich, ähnlich dem Kriegsgott Mars, kämpferisch, impulsiv, macht große Fehler und muß noch viel lernen. Das Leben erweist sich als eine sehr gute Schule, es wird ihm eine Lehre erteilen.

Das erste Haus: Haus des Widders – Mars

Ego – Dasein – die »Persona«, die Maske, die man trägt – die eigene Persönlichkeit

Du willst dich behaupten und durchsetzen. Du willst handeln, Stellung nehmen, vorwärts gehen, und das auf eine Art und Weise, die von anderen als aufdringlich empfunden werden kann. Du kannst dynamisch, kämpferisch, feurig sein, aber manchmal auch impulsiv, ungeduldig und aggressiv.

Vorhersage: Eine disharmonische Zeit steht dir bevor. Rebelliere nicht, aber laß dich auch nicht unterdrücken. Suche die Ruhe des eigenen Hauses und der Natur.

Das zweite Haus: Haus des Stiers – Venus als Morgenstern

Eigene Werte – Besitz – Finanzen

Du nimmst aktiv an deiner Umgebung teil, manchmal bist du enthusiastisch, manchmal auch mutlos. Dein Besitz ist dir sehr wichtig, und du kannst ihn gut verteidigen, jedoch kann es sein, daß du in Sachen Geld leichtsinnig handelst.

Vorhersage: Vorsicht vor unüberlegten Unternehmungen, lerne, deine Ausgaben sorgfältig zu kontrollieren, sonst drohen Verluste.

Das dritte Haus: Haus der Zwillinge – Merkur als Morgenstern

Information – Kontakt zu anderen – Austausch – Kommunikation

Dein Geist ist klar und kritisch, sehr oft rebellisch. Du polemisierst, diskutierst und argumentierst gerne, kannst dich gut ausdrücken und austauschen. Manchmal fehlt es dir an Taktgefühl, du äußerst dich aggressiv und schroff. Häufig möchtest du die Aufmerksamkeit auf dich ziehen und im Zentrum des Geschehens stehen.

Vorhersage: Zeige dich nicht sarkastisch und streitsüchtig, es drohen Streit mit Geschwistern und Nachbarn und Schwierigkeiten mit Verträgen.

Das vierte Haus: Haus des Krebses – Mond

Deine Wurzeln – dein Haus – Tradition – Sicherheit

Deine Tatkraft und Energie wirst du bis ins späte Alter erhalten, einen Teil davon investierst du in dein Zuhause und in dein Familienleben. Du willst nicht nur schön, sondern auch in sicheren Verhältnissen wohnen.

Vorhersage: Deine Wurzeln sind dir sehr wichtig, jedoch drohen in der Familie demnächst Mißverständnisse, Streit oder sogar Verluste. Aus jeder Lage gibt es einen Ausweg. Vergiß nicht, deine Wohnung zu versichern.

Das fünfte Haus: Haus des Löwen – Sonne

Ausdruckskraft – Vergnügen – Gestaltung – Entwicklung – Kinder

Deine vitale Energie ist feurig und leidenschaftlich, du kannst sie beim Sport, Spielen oder Tanzen richtig einsetzen und dich dort gut austoben. Du gehst gerne deinem Vergnügen nach, und es ist gut so, aber übertreibe es nicht. Liebe wird als Ausdruck der Persönlichkeit erlebt, als Trieb, der blind und absolut ausgelebt wird, hier ist Vorsicht geboten.

Vorhersage: Deine Vitalität kann plötzlich abnehmen, du kannst deine Kräfte nicht richtig einschätzen und vergeudest sie sehr oft. Ansonsten: Probleme in der Kindererziehung oder mit erwachsenen Kindern.

Das sechste Haus: Haus der Jungfrau – Merkur als Abendstern

Bewußte Bedürfnisse – Gesundheit – Arbeit

Du hast das Bedürfnis, dich zu behaupten und zu handeln, aber du neigst dazu, deine Tatkraft zu unterschätzen. Manchmal fühlst du dich unterdrückt und beengt und läßt dich leicht entmutigen. Schrecke nicht vor Prüfungen und Hindernissen zurück! Du reagierst manchmal chaotisch, greifst, um kleine Probleme zu bewältigen, zum Äußersten, was dich psychisch oder physisch erschöpft.

Vorhersage: Achte mehr auf die Kommunikation und die Atmosphäre bei der Arbeit. Denke erst, dann handle. Hitzige Gespräche können deinen Blutdruck negativ beeinflussen. Lerne dich zu entspannen!

Das siebte Haus: Haus der Waage – Venus als Abendstern

Wir und sie – Partnerschaft – Mitarbeit – Ehe

Es besteht die Gefahr von Machtkämpfen und Konflikten zwischen dir und deinem Partner – Kurzschlußhandlungen und Trennungen können die Folge sein. Bleibe kompromißbereit, dann werden die Auseinandersetzungen nicht so dramatisch enden. Du mußt nicht immer um jeden Preis recht haben. Zeige, daß du nicht nur kämpferisch bist, sondern auch verzeihen, annehmen und lieben kannst.

Vorhersage: Disharmonie in der Ehe oder in der Beziehung.

Das achte Haus: Haus des Skorpions – Pluto

Die Werte anderer – Vererbung – Regeneration – Wiedergeburt – Tod

Ob du es glaubst oder nicht, du hast viele innere Reserven und kannst dich gut regenerieren. Du provozierst gerne, liebst Krisen-, Not- oder Extremsituationen, weil sie es dir ermöglichen, deine Selbstkontrolle und deine psychische

Kraft zu zeigen. In finanziellen Angelegenheiten sind Konflikte sehr wahrscheinlich.

Vorhersage: Spannungen im Umgang mit dem Geld.

Das neunte Haus: Haus des Schützen – Jupiter

Philosophie – Reisen – Religion – Inspiration

Vorhersage: Du bist auf der Suche nach immer neuen Abenteuern und hast das Bedürfnis, deinen Horizont zu erweitern. Jedoch kann zu große Begeisterung dazu führen, daß du unnötige Risiken eingehst und dich in Gefahr begibst. Du kannst dich für ein humanitäres oder ideologisches Ziel engagieren. Es sind weite Reisen möglich, verschiedene Herausforderungen, Eroberungen und alles, wobei du deine Grenzen sprengen kannst. Ob du dir die Reisen leisten kannst, zeigt das zweite Haus, es ist für deine Finanzen verantwortlich.

Das zehnte Haus: Haus des Steinbocks – Saturn

»Die Krone« – Karriere – Machtposition – Anerkennung – Ehre – Berufung

Deine soziale und materielle Unabhängigkeit ist dir sehr wichtig. Du willst autonom sein, und das erreichst du durch harte Arbeit und Durchsetzungskraft gegenüber anderen. Deine Suche nach Erfolg wird nicht ganz einfach verlaufen, weil du impulsiv und unstet handelst.

Vorhersage: Du mußt mit Hindernissen und Enttäuschungen rechnen, gib jedoch niemals auf! Nur wenn du beharrlich bist, kannst du etwas erreichen.

Das elfte Haus: Haus des Wassermanns – Uranus

Ambitionen – Pläne – Vereinigung – Freundschaften

Du neigst dazu, deine Energien zu verschwenden, dich vergeblich zu bemühen und dich zu verzetteln. Einerseits bist du eine energische Opportunistin oder jemand, der fähig ist, gleichzeitig mehrere Dinge erfolgreich zu erledigen. Du pflegst keine langweilige Beziehungen; dich inspirieren nur feurige und dynamische Menschen.

Vorhersage: Differenzen in den zwischenmenschlichen Beziehungen sind möglich, gehe nicht rebellisch dagegen an. Durch Diplomatie kannst du Konflikte lösen und sehr viel erreichen.

Das zwölfte Haus: Haus der Fische – Neptun

Unbewußte Bedürfnisse – seelische Kraft – Abgeschlossenheit

Du willst über dich selbst hinauswachsen, aber deine Ungeduld oder Blindheit steht dir im Wege. Bei Schwierigkeiten wird mehr Ausdauer nötig sein. Prüfungen stimulieren dich, du brauchst sie, um dich zu behaupten und deine Tatkraft offen zu demonstrieren.

Vorhersage: Ziehe dich bitte zurück, wenn du Ruhe brauchst. Du bist doch gerne ab und zu für dich allein – so kannst du die Kraft für morgen schöpfen.

Karte Nr. 12 – Die Vögel – Karo-7

Grundbedeutung: Ärger, Hektik, Aufregungen, Unruhe, Sorgen, zwei Personen

Die Vögel werden mit den Luftzeichen in Verbindung gebracht. Luftmenschen leben in der Welt der Gedanken. Sie sind geistig sehr rege und verstehen Zusammenhänge, die andere nicht durchschauen. Sie fühlen sich frei wie die Vögel, sind beweglich, schnell und versuchen, unabhängig zu sein. Man sagt, daß sie die »intelligentesten« unter allen Sternkindern sind. Astrologisch entspricht die Vogelkarte dem Sternzeichen Zwillinge. Der Zwilling ist genauso unruhig und flatterhaft wie die Vögel.

Karo versinnbildlicht das Element »Luft« und damit den Geist und die Ebene der Gedanken.

Karo-7 fordert uns auf, unsere Gedanken und Gefühle aufzuarbeiten. Wir sollen nicht zulassen, daß negative Gefühle und Eindrücke die Oberhand gewinnen. Wir müssen selbstkritischer sein.

Das erste Haus: Haus des Widders – Mars

Ego – Dasein – die »Persona«, die Maske, die man trägt – die eigene Persönlichkeit

Du bist intelligent und hast einen regen Verstand, der sich manchmal durch ständige, nervenaufreibende geistige Aktivität äußern kann. Du bist sehr nervös, was nicht gut für dich und andere ist. Du verfügst über ein kritisches und sarkastisches Denken, das dich auch dazu verführt, spaßeshalber zu provozieren.

Vorhersage: Die kommende Zeit ist voller Aufregungen, die nicht immer positiv sind. Lasse Ängsten und Befürchtungen keinen Platz. Du bist sehr oft der Unruhestifter. Sei für andere kein Energie-Vampir!

Das zweite Haus: Haus des Stiers – Venus als Morgenstern

Eigene Werte – Besitz – Finanzen

Vorhersage: Du beherrscht die Kunst, dich den Umständen anzupassen. Du weißt ganz genau, was das Beste für dich ist, und setzt dich über die Köpfe anderer hinweg. Wenn es um Geld geht, erweist du dich als listig und verschlagen. Es ist gut so, denn die kommende Zeit wird nicht besonders gut für dich. Vielleicht kannst du nicht mit dem Geld haushalten, manchmal werden dir unbezahlte Rechnungen oder unübersehbare Ausgaben zu schaffen machen.

Das dritte Haus: Haus der Zwillinge – Merkur als Morgenstern

Information – Kontakt zu anderen – Austausch – Kommunikation

Du brauchst andere Menschen, um einen regen Gedankenaustausch zu führen, nichts kann sie dir ersetzen. Du mußt kommunizieren, direkt und indirekt, dein Telefon ist andauernd besetzt. Du magst das Gefühl, gefragt zu werden. Die Rolle des Vermittlers paßt gut zu dir, und du fühlst dich in dieser Rolle phantastisch.

Vorhersage: Die kommende Zeit wird recht aufregend und nervenaufreibend. Für Studierende und Lernende: Bereite dich gut auf die Prüfungszeit vor. Du kannst in ernstliche Kommunikationsschwierigkeiten oder in Verwirrung geraten. Verliere nicht den Blick für die positiven Dinge des Lebens.

Das vierte Haus: Haus des Krebses – Mond

Deine Wurzeln – dein Haus – Tradition – Sicherheit

Vorhersage: Dein Bedürfnis nach einem Tapetenwechsel ist sehr stark ausgeprägt, aber demnächst ist keine gute Zeit für einen Umzug, bleibe da, wo du bist. So kannst du dir viel Streß und Kummer ersparen. Die Beziehung zu deinen Eltern und Geschwistern erweist sich als schwierig und kompliziert. Zeige mehr Liebe und Verständnis. Versuche, deine Probleme selbst zu lösen und dich von deinem Leid zu befreien. Übertreibe und dramatisiere nicht, das Leben ist zu kurz.

Das fünfte Haus: Haus des Löwen – Sonne

Ausdruckskraft – Vergnügen – Gestaltung – Entwicklung – Kinder

Vorhesage: Du besitzt viel nervöse und dynamische Energie, die deine geistige Aktivität stimuliert. Kreativität ist facettenreich, bunt und vielfältig, aber labil und fahrig.

Von Glücksspielen und anderen Spekulationen würde ich abraten, du willst doch nicht unnötig dein Konto strapazieren. Partys bringen nur Verwirrung und Unzufriedenheit. Bleibe lieber zu Hause, wenn du kannst. Du lebst in keinem guten Verhältnis mit deinen Kindern, oder du kannst viel Ärger ihrerseits erwarten. Nimm Kontakt zu deiner inneren Führung auf!

Das sechste Haus: Haus der Jungfrau – Merkur als Abendstern

Bewußte Bedürfnisse – Gesundheit – Arbeit

Vorhersage: Wenn dir deine Arbeit keinen Spaß mehr macht, wenn du desorganisiert, oberflächlich und ohne Motivation arbeitest, wechsle lieber den Job, zeige Mut, und kündige. Überwinde deine Ängste und bleibe nicht an

Altem haften. Du kannst immer etwas neues lernen, Weiterbildungskurse belegen etc. Vergiß nicht, es ist nie zu spät. Krankheiten können psychosomatische Ursachen haben. Du kannst dich gut durch Tanzen und Sport entspannen.

Das siebte Haus: Haus der Waage – Venus als Abendstern

Wir und sie – Partnerschaft – Mitarbeit – Ehe

Vorhersage: Diese Karte steht für rege Kontakte mit anderen und der Außenwelt – dein Bedürfnis nach Veränderung kann gestillt werden. Jedoch sind die Prognosen überwiegend schlecht. Es kann sein, daß du die Schattenseite deiner Beziehung erlebst, Mißverständnisse und Reibereien sind programmiert. Man versteht sich nicht so gut, aber durch Takt und Diplomatie kann man viel erreichen, auch im Umgang mit anderen werden sich diese Eigenschaften bezahlbar machen.

Das achte Haus: Haus des Skorpions – Pluto

Die Werte anderer – Vererbung – Regeneration – Wiedergeburt – Tod

Vorhersage: Deine Regenerationskraft wird von der Neugier und dem Sinn für Wechsel stimuliert. In finanziellen Angelegenheiten mußt du mit sehr viel Ärger rechnen. Vielleicht droht eine Steuernachzahlung, an die du überhaupt nicht gedacht hast, oder es drohen andere finanzielle Probleme. Das macht dir zu schaffen.

Das neunte Haus: Haus des Schützen – Jupiter

Philosophie – Reisen – Religion – Inspiration

Du willst reisen und dabei soviel wie möglich lernen. Intellektuelle Abenteuer reizen dich sehr, du willst fremde Kulturen, Mentalitäten und Sitten kennenlernen, strebst nach hohen Zielen und hast einen ungesättigten Wissensdurst.

Vorhersage: »Eile mit weile«, nicht alle Ambitionen werden erfüllt. Prüfe vor jeder Reise die aktuelle politische Lage des Landes, das du erkunden möchtest. Es drohen Gefahren, die du vermeiden kannst, wenn du vorsichtig genug bist.

Das zehnte Haus: Haus des Steinbocks – Saturn

»Die Krone« – Karriere – Machtposition – Anerkennung – Ehre – Berufung

Vorhersage: Je tiefer deine psychischen, gefühlsmäßigen und moralischen Wurzeln verankert sind, desto leichter kannst du wachsen und deine Flügel auch außerhalb deines gewohnten Umfelds ausbreiten. Deine Unabhängigkeit erreichst du durch Intelligenz, aber überschätze dein Wissen nicht. Es kann auch sein, daß sich deine Wünsche aus Mangel an Selbstvertrauen nicht erfüllen werden. Projekte und Ziele, die du anstrebst, werden im Lichte der Karte von gewissen Schwierigkeiten begleitet sein.

Das elfte Haus: Haus des Wassermanns – Uranus

Ambitionen – Pläne – Vereinigung – Freundschaften

Vorhersage: Deine Pläne und Hoffnungen erfüllen sich nicht. Du bist sehr clever, aber deine Liebe den Mitmenschen gegenüber mußt du weiter entwickeln. Du darfst nicht nur an den eigenen Vorteil denken. Manchmal bist du im Umgang mit anderen zu impulsiv und zu nervös. Manche Freunde werden dich im Stich lassen oder ausnutzen. Denke über dein Verhalten nach!

Das zwölfte Haus: Haus der Fische – Neptun

Unbewußte Bedürfnisse – seelische Kraft – Abgeschlossenheit

Vorhersage: Du zeigst dich gegenüber anderen und dem Leben übermäßig kritisch und verletzend. Du fühlst dich nicht richtig anerkannt. Laß nicht zu, daß deine Emotionen dich überwältigen – ziehe dich ein bißchen zurück, und versuche zu meditieren. Fürchte keine Mißerfolge, denke über alles nach, und öffne dich dem Leben immer wieder neu.

Karte Nr. 13 – Das Kind – Pik-Bube

Grundbedeutung: Neuanfang, naiv, wenig, klein, etwas Neues, ein Kind; eine junge Person, die noch unselbständig ist

Ein neuer Stern ist am Himmel geboren, und ein Kind wird mit ihm assoziiert. Das Kind ist frei und ungebunden wie der Wind, sein Element ist »Luft«. Es kennt keine Sorgen, ist unbekümmert, verspielt und für jeden Spaß zu haben. Es gibt ein Zeichen, das unseren Tierkreis öffnet und somit für das Kind und den Neubeginn steht. Das Zeichen des Widders versinnbildlicht die Geburt. Das Zeichen beherrscht die Säuglingszeit und die frühe Kindheit.

Pik-Bube steht für etwas Neues, für einen Neubeginn, eine Entdeckung, für das innere Kind in uns. Die Karte kann auch für reale Kinder stehen oder für den Wunsch nach ihnen.

Das erste Haus: Haus des Widders – Mars

Ego – Dasein – die »Persona«, die Maske, die man trägt – die eigene Persönlichkeit

Du bist fröhlich und begeisterungsfähig, nicht allzu diszipliniert, genau wie ein Kind. Du nimmst das Leben von der leichten Seite, und das ist gut so. Dein Optimismus fehlt vielen von uns.

Vorhersage: Einen Wechsel der Lebenseinstellung, einen Neubeginn oder Zeiten, die durch Lebenslust gekennzeichnet sind, kannst du mit Freude herzlich willkommen heißen. Es ist auch möglich, daß ein eigenes Kind die Hauptrolle spielen wird. Fühlst du dich nicht schwanger?

Das zweite Haus: Haus des Stiers – Venus als Morgenstern

Eigene Werte – Besitz – Finanzen

Wir alle haben das Bedürfnis, zu erwerben, zu verdienen und zu besitzen. Jedoch bist du in finanziellen Angelegenheiten wie ein Kind, unvorsichtig und leichtsinnig. Am liebsten würdest du dir jeden Wunsch erfüllen – du bist verschwenderisch und geneigt, Hab und Gut zu verprassen.

Vorhersage: Du neigst dazu, viel zuviel Geld auszugeben. Rechne in der folgenden Zeit mit weniger Geld und mit unvorhergesehenen Ausgaben.

Das dritte Haus: Haus der Zwillinge – Merkur als Morgenstern

Information – Kontakt zu anderen – Austausch – Kommunikation

Vorhersage: Du bist wißbegierig wie ein Kind, gespannt auf alles Neue, aber labil und leicht zu beeinflussen. Du freust dich über gesellschaftliche Kontakte, es können auch neue Bekanntschaften entstehen. Du bist neugierig auf Reisen, an Gelegenheiten dazu wird es dir nicht fehlen – entweder reist du zum eigenen Vergnügen oder aus gesellschaftlicher Verpflichtung. Deine optimistische Einstellung wird dir überall helfen.

Das vierte Haus: Haus des Krebses – Mond

Deine Wurzeln – dein Haus – Tradition – Sicherheit

Ausgerechnet diese Karte steht im Hause der Familie. Deine Familie ist für dich wie ein Refugium, sie ist dein Zufluchtsort. Für deine Eltern bist und bleibst du immer ein Kind, und das gibt dir das phantastische Gefühl der Geborgenheit. Jedoch mußt du dich weiterentwickeln und wachsen, psychisch und spirituell.

Vorhersage: Es ist möglich, daß du eine neue Wohnung beziehst oder ein Geschwisterchen bekommst. Es ist auch wahrscheinlich, daß du »endlich« an die Gründung einer eigenen Familie denkst. Vielleicht ist schon ein Kind unterwegs?

Das fünfte Haus: Haus des Löwen – Sonne

Ausdruckskraft – Vergnügen – Gestaltung – Entwicklung – Kinder

Du bist offen für die Freuden des Lebens, verspielt wie ein Kind, aber auch ein bißchen naiv. Du siehst die Welt mit kindlichen Augen und glaubst voller Begeisterung an das Schöne, Gute und Rechte.

Vorhersage: Erfüllt von deiner Lebensfreude hast du große Chancen, einen Partner zu finden, mit dem du deine Begeisterung teilen kannst. Falls du weiblich bist, werden viele Partner besonders das Kindliche in dir lieben. Kinderliebe spielt bei dir eine große Rolle. Es ist auch möglich, daß Kinder im Mittelpunkt der Familie stehen. Es ist eine sehr gute und günstige Zeit für eine Schwangerschaft.

Das sechste Haus: Haus der Jungfrau – Merkur als Abendstern

Bewußte Bedürfnisse – Gesundheit – Arbeit

Vorhersage: In diesem Haus wirst du mit der täglichen Realität konfrontiert. Im Beruf kannst du etwas Neues starten, einen Neuanfang wagen – sei es eine Ausbildung, ein Studium oder ein Job. Vielleicht werden dir neue Aufgaben zugeteilt, oder du wechselst das Büro und gewinnst somit neue Mitarbeiter. Das ist eine sehr gute Zeit für Menschen, die einen neuen Wirkungskreis suchen. Neue Chancen und neue Möglichkeiten bieten sich dir an. Gesundheitlich bist du sensibel wie ein Kind und genauso ungeduldig. Bei der Heilung erwarte langsame Fortschritte.

Das siebte Haus: Haus der Waage – Venus als Abendstern

Wir und sie – Partnerschaft – Mitarbeit – Ehe

Manchmal bist du naiv und leichtgläubig, dein Verhalten gegenüber anderen ist kindisch, und du schenkst leichtfertig Vertrauen.

Vorhersage: Du kannst eine neue Beziehung eingehen oder dein Glück mit dem alten Partner neu entdecken. Jedenfalls begibst du dich auf eine Entdeckungsreise nach den Gefühlen. Es ist schön, vollkommen neue Seiten beim Partner zu entdecken, und auch schön, neu verliebt zu sein. Bemühe dich um die richtige Atmosphäre.

Das achte Haus: Haus des Skorpions – Pluto

Die Werte anderer – Vererbung – Regeneration – Wiedergeburt – Tod

Vorhersage: Die Regenerationsfähigkeit ist bei dir schwach ausgeprägt, und du hast unnötig Angst vor der Loslösung von deinem Umfeld. Du bist sehr sensibel und benimmst dich manchmal wie ein Kind. Bemühe dich um deine emotionale Unabhängigkeit. Das achte Haus hat mit Geld zu tun – es ist auch wahrscheinlich, daß du neue Versicherungspolicen abschließen oder dich mit Unterhaltszahlungen beschäftigen wirst.

Das neunte Haus: Haus des Schützen – Jupiter

Philosophie – Reisen – Religion – Inspiration

Vorhersage: Du bist offen für neue Interessen und Hobbys, willst Unbekanntes erfahren, neue Länder erkunden, und du bist bereit zu lernen. Deine Abenteuerlust macht dich zu einer Art Kolumbus. Paß jedoch gut auf dich auf, und begib dich nicht aus Leichtsinn in Gefahr; handle vorsichtig, und entdecke das Neuland. Es wird nicht an Gelegenheiten mangeln – viel Spaß beim Erforschen und Erkunden.

Das zehnte Haus: Haus des Steinbocks – Saturn

»Die Krone« – Karriere – Machtposition – Anerkennung – Ehre – Berufung

Vorhersage: Du stehst erst am Anfang deiner »Karriere«. In dieser Lebensphase willst du etwas Neues wagen und in deinem Leben etwas erreichen. Du denkst nicht langfristig und machst keine großen Pläne und willst das machen, was dir Spaß bereitet. So möchtest du deine Unabhängigkeit erreichen. Du kannst in der Ausbildung sein, studieren oder ein interessantes Hobby ausüben, mach dein Ding, das Wichtigste dabei ist, daß du mit dem Herzen dabei bist.

Das elfte Haus: Haus des Wassermanns – Uranus

Ambitionen – Pläne – Vereinigung – Freundschaften

Vorhersage: Du schließt ziemlich schnell Freundschaften, wenn du dich offen, freundlich und optimistisch zeigst. Es ist sehr wahrscheinlich, daß du neue Kontakte und Freundschaften knüpfst, sei es in der Arbeit oder privat. Freue dich über diese besonderen »Geschenke«, und pflege sie wie zarte Pflänzchen. Du kannst auch neue Wünsche und Ziele anstreben, es ist gut so – dadurch bist du vielseitiger und für andere interessanter.

Das zwölfte Haus: Haus der Fische – Neptun

Unbewußte Bedürfnisse – seelische Kraft – Abgeschlossenheit

Vorhersage: Wenn dein inneres Kind verletzt ist, suche die Hilfe nicht in der Abgeschiedenheit, sondern bei deinen Mitmenschen. Befreie dich von deinen Ängsten, und isoliere dich nicht zu sehr. Du bist wie ein Kind, und ein Kind ist unerfahren und macht Fehler. Sehr oft findest du hilfreiche Hände, die dich auffangen werden.

Karte Nr. 14 – Der Fuchs – Kreuz-9

Grundbedeutung: Falschheit, Schläue, Gerissenheit, Hinterhältigkeit, Täuschung, eine Personenkarte, die nicht unbedingt falsch sein muß

Meistens steht der Fuchs jedoch für jeden von uns, der unaufrichtig und bestrebt ist, andere zu übervorteilen. Sehr oft spricht er die negative Seite unseres Charakters an, wie z.B. Falschheit, Täuschung, Schläue, List. Der Fuchs genießt den Ruf, ein verschlagener Gegner zu sein. Kein Wunder, daß er in der Frühzeit des Christentums als Verkörperung des Teufels galt.

Kreuz symbolisiert das Element »Erde« und damit das Reale und das Standhafte.

Kreuz-9 erinnert uns daran, daß wir ein faires Spiel spielen und keine zweifelhaften Taktiken anwenden sollten.

Das erste Haus: Haus des Widders – Mars

Ego – Dasein – die »Persona«, die Maske, die man trägt – die eigene Persönlichkeit

Du bist geschickt, schlau und auf eigene Vorteile bedacht. Manchmal machst du Versprechen, die du später nicht einhältst oder du bist ganz einfach unaufrichtig. Du mußt nicht die Wahrheit sagen, wenn du nicht willst – aber wozu diese Lügen?

Vorhersage: Etwas in deinem Leben wird aus den Fugen geraten, übertreibe es nicht mit deinen Spielchen. Spiele immer ein faires Spiel. Du kannst auch Opfer einer Intrige werden. Sei auf der Hut!

Das zweite Haus: Haus des Stiers – Venus als Morgenstern

Eigene Werte – Besitz – Finanzen

Du kannst geschäftliches Talent haben, aber du bist immer darauf aus, die anderen zu übertreffen. Deine finanzielle Sicherheit ist dir sehr wichtig. Du kannst jedoch auch Gefahr laufen, selbst getäuscht oder betrogen zu werden, sei also gewarnt.

Vorhersage: In der Einschätzung deiner Finanzen machst du Fehler. Vorsicht vor Schulden und falschen Geldgeschäften!

Das dritte Haus: Haus der Zwillinge – Merkur als Morgenstern

Information – Kontakt zu anderen – Austausch – Kommunikation

Hier befindest du dich im Bereich der Mentalität und Denkweise, der ganz persönlichen Sitten und Gebräuche. Beim Austausch mit anderen bist du nicht immer aufrichtig, sehr oft indiskret, sarkastisch und zickig. Jedoch erfährst du die Unaufrichtigkeit auch manchmal von der anderen Seite.

Vorhersage: Halte deine Versprechen und Vereinbarungen, spiele ein faires Spiel. Um Sorgen zu vermeiden, sollten alle Studierende das Lernen ernst nehmen. Sei vorsichtig, in deinem Bekanntenkreis gibt es Personen, die nicht besonders gut zu dir passen.

Das vierte Haus: Haus des Krebses – Mond

Deine Wurzeln – dein Haus – Tradition – Sicherheit

Vorhersage: Das Verhältnis zwischen deinen Eltern und dir ist nicht aufrichtig, das kann an der Vergangenheit liegen oder an dir selbst. Wünschst du dir eine Veränderung, dann beginne bei dir! Nichts ändert sich, wenn du dich nicht auch änderst. Es besteht auch die Gefahr von Machtkämpfen mit deinen Geschwistern. Du mußt niemandem etwas beweisen – Hauptsache, du bist mit dir im reinen.

Das fünfte Haus: Haus des Löwen – Sonne

Ausdruckskraft – Vergnügen – Gestaltung – Entwicklung – Kinder

Du verfügst über sehr viel Lebensenergie, die du unbedingt zum Einsatz bringen willst. Überlege gut, in welchem Bereich du dich selbst verwirklichen kannst. Du bist lustig, hast Spaß am Leben. Da das fünfte Haus mit Kindern zu tun hat, kennzeichnet diese Karte entweder eine negative Einstellung den Kindern gegenüber oder erzieherische Probleme mit den Kindern.

Vorhersage: Singles müssen aufpassen oder die Taktik ändern, sie werden sonst wieder den falschen Partner treffen.

Das sechste Haus: Haus der Jungfrau – Merkur als Abendstern

Bewußte Bedürfnisse – Gesundheit – Arbeit

Vorhersage: Denke nicht, daß du der beste Arzt für dich bist. Folge bitte den Anweisungen deines Arztes. Treibe keinen Raubbau mit der eigenen Gesundheit. Die Nebenwirkungen von herkömmlichen Medikamenten können sehr viel Schaden anrichten, vertraue deswegen auf natürliche Heilmethoden – versuche es z.B. mit Homöopathie. Im Beruf mußt du Intrigen und Mobbing, Auseinandersetzungen und Konflikte mit Mitarbeitern und Vorgesetzten befürchten. Unglücklicherweise hast du selbst die schlechte Angewohnheit, andere zu übervorteilen und ein unfaires Spiel zu spielen.

Ein Tip für die Zukunft: Kontrolliere dein Verhalten, sei ein bißchen selbstkritischer.

Das siebte Haus: Haus der Waage – Venus als Abendstern

Wir und sie – Partnerschaft – Mitarbeit – Ehe

Vorhersage: Mach deine Beziehung nicht so kompliziert, sage, was du willst, formuliere klar deine Wünsche, und lerne endlich, Probleme zu lösen. Schließlich willst du Frieden haben. Kontakte mit anderen und der Außenwelt werden schwierig verlaufen, Meinungsverschiedenheiten und Mißverständnisse sind programmiert. Dein Verhältnis zu den »anderen« muß durch Fairneß, Ehrlichkeit und Aufrichtigkeit gezeichnet werden.

Das achte Haus:Haus des Skorpions – Pluto

Die Werte anderer – Vererbung – Regeneration – Wiedergeburt – Tod

Vorhersage: Durch unvernünftiges Handeln kann man die Familiengüter verschleudern. Diese Position der Karte macht darauf aufmerksam. Im Falle einer Scheidung kannst du mit der Unaufrichtigkeit deines Expartners rechnen. Erbschaften könnten ungerecht verteilt werden, dadurch kann es zur Streitigkeiten in der Familie kommen.

Das neunte Haus: Haus des Schützen – Jupiter

Philosophie – Reisen – Religion – Inspiration

Vorhersage: Auf Reisen ist Vorsicht geboten. Es drohen Gefahren, dir kann vieles passieren, du kannst beraubt, betrogen oder enttäuscht werden. Das könnte am Reiseveranstalter liegen oder andere Ursachen haben, z.B. falsche Urlaubsbekanntschaften. Behalte deine Mitreisenden im Auge, und vertraue ihnen nicht so schnell. Hast du vor auszuwandern, verschiebe deine Pläne lieber.

Das zehnte Haus: Haus des Steinbocks – Saturn

»Die Krone« – Karriere – Machtposition – Anerkennung – Ehre – Berufung

Wenn du ein Ziel verfolgst, tue das in kleinen Schritten. Setze kleine, erreichbare Etappen fest, die dich mit Sicherheit weiterbringen. Spiele immer ein faires Spiel, verfolge keine Ellenbogenstrategie. Du mußt nicht um jeden Preis der Erste, Beste und Schnellste sein.

Vorhersage: Bei deinem Verlangen nach einer hohen Position, Macht und Karriere kannst du das Maß verlieren, dich überschätzen und voll verrechnen. Vielleicht bist du zu egoistisch?

Das elfte Haus: Haus des Wassermanns – Uranus

Ambitionen – Pläne – Vereinigung – Freundschaften

Vorhersage: Deine Freunde können dich enttäuschen, du kannst ausgenutzt, beeinflußt und im Stich gelassen werden – aber auch du kannst ihnen das antun. Spiele ein faires Spiel ohne Hintergedanken. Im Lichte dieser Karte sind Meinungsverschiedenheiten oder Streit mit Freunden sehr wahrscheinlich. Deine Hoffnungen und Pläne werden aufgrund von Unehrlichkeit und falschem Spiel nicht erfüllt.

Das zwölfte Haus: Haus der Fische – Neptun

Unbewußte Bedürfnisse – seelische Kraft – Abgeschlossenheit

Vorhersage: Im Grunde genommen glaubst du an nichts und hast wenig Vertrauen. Von anderen erwartest du auch nicht viel, und du fürchtest Mißerfolge. Du bist ungeduldig und ständig aktiv. Du mußt den Dingen ihren Lauf lassen. Ziehe dich ein bißchen zurück, und meditiere – du mußt wissen, wie weit du gehen kannst. Du mußt deine Grenzen erkennen und dich manchmal zurückhalten, um dich selbst zu schützen. In der Einsamkeit kannst du darüber nachdenken.

Karte Nr. 15 – Der Bär – Kreuz-10

Grundbedeutung: Stärke, Gutmütigkeit, Verläßlichkeit, Schutz, eine Personenkarte (Vater, Bruder, eine Person ab 40, eine Frau), sehr oft eine Behörde, der beliebte Chef

Der Lenormandbär besitzt die Eigenschaften der Sonne sowie die des Sternzeichens Löwe. In der astrologischen Zeichensprache ist die Sonne ein Kreis mit einem Punkt in der Mitte und gibt uns Auskunft über instinktives Verhalten und die Entwicklung der Persönlichkeit: Sie symbolisiert Kraft und Vitalität und steht für das männliche Prinzip in jedem Menschen.

Bei Kreuz-10 steht das Mütterliche im Vordergrund und eine Aufforderung zu mehr Selbständigkeit.

Das erste Haus: Haus des Widders – Mars

Ego – Dasein – die »Persona«, die Maske, die man trägt – die eigene Persönlichkeit

Du bist gutmütig, aufrichtig, warmherzig und immer hilfsbereit. Man kann dir wirklich vertrauen. Es ist gut, dich als Freund/in oder als Mutter zu haben. Man sollte dich jedoch nicht unnötig reizen und deine Nerven strapazieren, sonst kannst du gefährlich werden. Zum Glück kannst du dich beherrschen.

Vorhersage Eine gute Zeit steht dir bevor, du bist stark wie ein Bär, gesund und mächtig. Nutze die wundervolle Phase des Wohlergehens.

Das zweite Haus: Haus des Stiers – Venus als Morgenstern

Eigene Werte – Besitz – Finanzen

In Geldangelegenheiten kannst du dich auf deinen geschäftlichen Spürsinn verlassen. Dein Leistungswillen, deine Überredungskunst und die Fähigkeit, sich gut zu verkaufen, bewahren dich nicht vor einer finanziellen Krise.

Vorhersage: Deine Finanzen sind geregelt, du kannst sogar noch etwas auf die hohe Kante legen.

Das dritte Haus: Haus der Zwillinge – Merkur als Morgenstern

Information – Kontakt zu anderen – Austausch – Kommunikation

Deine Umgänglichkeit, menschliche Wärme und dein praktisches und einfallsreiches Wesen erleichtern dir Kontakte zu anderen. Man kann dir vertrauen, und das zählt bei allen gesellschaftlichen Verpflichtungen. Du stehst in engem Kontakt mit Geschwistern und Nachbarn.

Vorhersage: Eine Phase gelungener Kommunikation; andere brauchen deine Unterstützung, und du hast die Kraft, ihnen zu helfen.

Das vierte Haus: Haus des Krebses – Mond

Deine Wurzeln – dein Haus – Tradition – Sicherheit

Um dich wohl zu fühlen, brauchst du starke Familienbindungen. Deine Eltern spielen in deinem Leben eine große Rolle, besonders ein Elternteil. Du brauchst die Sicherheit und die Wärme der Familie, als Mutter willst du sie deinen Kindern weitervermitteln.

Vorhersage: Eine gute Zeit für die Familiengründung. Glück in den eigenen vier Wänden. Enge Kontakte zu einer vertrauenswürdigen Person.

Das fünfte Haus: Haus des Löwen – Sonne

Ausdruckskraft – Vergnügen – Gestaltung – Entwicklung – Kinder

Du bist kraftvoll und begeisterungsfähig und verstehst es, auch andere zu begeistern. Du bist ein großer Genießer des Lebens und seiner Freuden. Mit deiner Vitalität, Wärme, Großzügigkeit und deinem schöpferischen Potential drückst du dich aus – du liebst und willst geliebt werden. Du bist auch eine fürsorgliche Mutter, die immer für die Kinder da ist.

Vorhersage: Singles werden Gelegenheit zum Verlieben haben. Die Bärkarte kann auch eine nette und liebe Bärin darstellen. Zeit der Verliebtheit und Zeit des Flirtens, auch in einer älteren Beziehung.

Das sechste Haus: Haus der Jungfrau – Merkur als Abendstern

Bewußte Bedürfnisse – Gesundheit – Arbeit

Vorhersage: Die Position des Vorgesetzten wäre für dich genau richtig, du bist dazu geboren, andere liebevoll zu führen. Als Chef besitzt du Autorität, deine Mitarbeiter mögen dich. Als normaler Mitarbeiter bist du immer hilfsbereit, dein Rat wird geschätzt. Du strebst nach Erfolg, und dafür verstehst du zu kämpfen. Gesundheitlich bist du stark wie ein Bär, in Bestform, topfit.

Das siebte Haus: Haus der Waage – Venus als Abendstern

Wir und sie – Partnerschaft – Mitarbeit – Ehe

Vorhersage: In deiner Umgebung, in dem Kreis, in dem du dich bewegst, mußt du dich akzeptiert und geborgen fühlen. Deine Partnerschaft scheint dir sehr wichtig zu sein. Dein Partner (der Bär) wird demnächst eine führende Rolle spielen. Vielleicht kennst du ihn noch nicht, aber mit jedem Tag bist du ihm näher. Öffne dich für beglückende Erfahrungen, und lasse die positiven Gefühle anderer Menschen für dich zu. Eine unbeschwerte Zeit steht dir bevor.

Das achte Haus: Haus des Skorpions – Pluto

Die Werte anderer – Vererbung – Regeneration – Wiedergeburt – Tod

Vorhersage: Bist du in einer Krisensituation, so schwimme nie gegen den Strom. Du schaffst es nicht, gegen Urgewalten anzukämpfen, obwohl du stark wie ein Bär bist. Akzeptier deinen Lebenskreislauf und alles, was dir dein Schicksal gibt. Du hast eine sehr starke Triebnatur, aber auch das Bedürfnis, für andere dazusein, ihnen zu dienen und zu helfen. Dein Verständnis für menschliche Schwächen macht dich sehr beliebt.

Das neunte Haus: Haus des Schützen – Jupiter

Philosophie – Reisen – Religion – Inspiration

Du suchst Herausforderungen für das eigene Leben und investierst gerne viel Energie in Reisen. Du willst deinen Horizont erweitern, um zu lernen – manchmal zieht es dich in Richtung Abenteuer. Andere Länder, andere Sitten, wie die Redensart so sagt.

Vorhersage: Es ist sehr wahrscheinlich, daß du während der Reise deine Zwillingsschwester, eine vertraute Seele, triffst. Sie kann dein Leben verändern.

Das zehnte Haus: Haus des Steinbocks – Saturn

»Die Krone« – Karriere – Machtposition – Anerkennung – Ehre – Berufung

Vorhersage: Du strebst danach, gesellschaftlich unabhängig und anerkannt zu sein. Das Bedürfnis, herauszuragen und der eignen Vormacht und Persönlichkeit Geltung zu verschaffen, ist bei dir sehr ausgeprägt. Du sehnst dich nach Erfolg, aber du mußt auch etwas dafür tun. Du bist stark wie ein Bär, nicht nur physisch, sondern auch intellektuell. Glaube an die eigenen Fähigkeiten und Talente. Führe deine Projekte beharrlich zu Ende.

Das elfte Haus: Haus des Wassermanns – Uranus

Ambitionen – Pläne – Vereinigung – Freundschaften

Du bist eine vertrauenswürdige Person, tolerant und nonkonformistisch. Du kannst sehr gut mit Menschen umgehen und unterhältst viele freundschaftliche Beziehungen. Du möchtest ständig neue Pläne verwirklichen.

Vorhersage: Du hast die Kraft, deinen Freunden zu helfen, und sie wissen das zu schätzen. Ansonsten: Eine starke Person ab 40 wird dir zur Seite stehen, sie kann aus dem beruflichen Feld kommen, es könnte dein gutmütiger Chef sein. Er wird versuchen, dich zu unterstützen.

Das zwölfte Haus: Haus der Fische – Neptun

Unbewußte Bedürfnisse – seelische Kraft – Abgeschlossenheit

Laufe nicht vor dir selbst weg, schwimme nicht gegen den Strom. Erkenne, daß deine Emotionen zu dir gehören und sehr wichtig sind. Ziehe dich ab und zu zurück, um nachzudenken und zu meditieren. Glauben und Spiritualität helfen dir, optimistisch in die Zukunft zu schauen, sie machen dich stark.

Vorhersage: Die Stärke, die du in der Ruhe gewonnen hast, teile mit anderen. Dir ist bewußt, daß du eine Seele von Mensch bist, dadurch bist du stark wie ein Bär.

Karte Nr. 16 – Die Sterne – Herz-6

Grundbedeutung: Glück, Erfolg, Vollkommenheit, Freude, etwas Schönes, Klarheit, Hellsichtigkeit, Musik, Kunst

Die Lenormandsterne haben Eigenschaften des Jupiters, der als Planet des Glücks, der Lebenslust, des Wohlergehens und des Optimismus gilt. Welch ein Glück, unter seinem Einfluß auf die Welt zu kommen! Die Menschen der Antike nannten ihn den Großen Wohltäter und lagen damit richtig. Er steht schließlich für Erfolg, Prestige und mögliche Ehrungen. Er hat eine sehr günstige Wirkung in jedem Haus unseres Zodiaks, und somit ist es sehr gut, diese wunderbare Sternenkarte zu haben, egal in welchem Haus.

Herz-6 steht wie alle Herzkarten für das Element »Feuer« und für die große Leidenschaft. Das kommende Glück ist zum Greifen nah, man spürt es in der Luft, besonders wenn man die innere Stimme wahrnehmen kann.

Das erste Haus: Haus des Widders – Mars

Ego – Dasein – die »Persona«, die Maske, die man trägt – die eigene Persönlichkeit

Du bist optimistisch, sympathisch und gutmütig – alles Eigenschaften, die nicht jeder in sich trägt. Du willst dein Leben genießen, darin Erfüllung finden und dich verwirklichen. Du willst die Welt von der schönen Seite sehen: manchmal verschließt du die Augen vor dem Bösen, vor Schwierigkeiten. Am liebsten zeigst du dich großzügig und gutmütig.

Vorhersage: Du bist ein echtes Glückskind und kannst ruhig in die sorgenfreie Zukunft (die genaue Zeitspanne solltest du vor der Auslegung bestimmen) schauen!

Das zweite Haus: Haus des Stiers – Venus als Morgenstern

Eigene Werte – Besitz – Finanzen

Du bist geschäftstüchtig, hast einen guten Instinkt für finanzielle Angelegenheiten und sehr oft ein gutes Händchen für den Erwerb von Geld und Besitz. Somit kannst du schnell zu Geld kommen.

Vorhersage: Fortuna steht an deiner Seite, du kannst mit finanziellen Vorteilen rechnen. Ziehe das achte Haus zu Rate, das sich mit Erbschaften beschäftigt.

Das dritte Haus: Haus der Zwillinge – Merkur als Morgenstern

Information – Kontakt zu anderen – Austausch – Kommunikation

Vorhersage: Das ist eine sehr gute Stellung, sich Wissen anzueignen. Freue dich, wenn du gerade in der Schule oder in der Ausbildung bist. Du möchtest dich in einem angenehmen gesellschaftlichen Rahmen entfalten und deine Freude am Leben haben – die Sternenkarte verspricht viel davon. Kleine Reisen wie Wochenendtrips, sei es geschäftlich oder zum Vergnügen, sind zu erwarten. Du hast ein gutes Verhältnis zu Geschwistern und Nachbarn.

Das vierte Haus: Haus des Krebses – Mond

Deine Wurzeln – dein Haus – Tradition – Sicherheit

Du hast einen festen Rückhalt – deine Familie. Sie unterstützt dich, liebt dich und gibt dir das Gefühl von Sicherheit und Geborgenheit. Deshalb kannst du dich überall wie zu Hause fühlen.

Vorhersage: Leben unter angenehmen Bedingungen, deine Bedürfnisse werden erfüllt. Es gibt die Möglichkeit einer Erbschaft, je nachdem, aus welchen Verhältnissen du kommst. Die Familie wird dir Freude bereiten.

Das fünfte Haus: Haus des Löwen – Sonne

Ausdruckskraft – Vergnügen – Gestaltung – Entwicklung – Kinder

Du bist eine gesellige Person, die Freude am Leben hat. Deine vitale Energie ist extrovertiert und heiter, sie muß unbedingt Ausdruck finden. Du gehst gerne unter die Leute, willst Spiel, Spaß und die einmalige Liebe. Es wird reichlich Gelegenheit zu alledem geben. Das fünfte Haus ist auch für Kinder zuständig – du wirst sehr viel Freude an ihnen haben. Diese Stellung verspricht eine gute Zeit für Schwangere. Mache mit Spaß Atemübungen und Gymnastik, eine wunderbare Zeit steht dir bevor.

Vorhersage: Du kannst mit einer leidenschaftlichen Romanze oder Affäre rechnen. Laß dich überraschen.

Das sechste Haus: Haus der Jungfrau – Merkur als Abendstern

Bewußte Bedürfnisse – Gesundheit – Arbeit

Du wirst das alltägliche Leben mit Freude meistern, kannst dich an Kleinigkeiten erfreuen und hast die Gabe, dein Leben gut zu organisieren und angenehm zu gestalten.

Vorhersage: Bei der Arbeit wird es kaum Probleme geben – du bist erfolgreich, anpassungsfähig und wirst geschätzt. Für Arbeitsuchende zeigt sich endlich ein Licht am Ende des Tunnels, jetzt kann sich alles zum besten wenden. Für viele gibt es die richtige und wohlverdiente Anerkennung. Gesundheitlich geht es dir blendend. Du fühlst dich wohl in deiner Haut und kannst echte Lebensfreude genießen.

Das siebte Haus: Haus der Waage – Venus als Abendstern

Wir und sie – Partnerschaft – Mitarbeit – Ehe

Vorhersage: Das ist eine wunderbare Stellung, wenn es um Heirat geht. Also heirate jetzt, denn die Sterne stehen gut für dich. Die Partnerschaft gibt dir die Möglichkeit zur Entfaltung, und du wirst das Leben zu zweit genießen, sogar in einer alten Beziehung, sie kann neu erblühen. Wenn du solo bist, wirst du Verbindungen eingehen, die länger bestehen werden. Im beruflichen Bereich sind auch sehr gute Verbindungen möglich. Zeigst du dich spontan, warmherzig und sympathisch, dann begegnest du Menschen, die zu dir passen und mit denen du dich gut verstehst.

Das achte Haus: Haus des Skorpions – Pluto

Die Werte anderer – Vererbung – Regeneration – Wiedergeburt – Tod

Vorhersage: Eine sehr günstige, vorteilhafte Stellung für Erbschaften, Geschenke, gerichtliche Verhandlungen, Versicherungen und gemeinsame Finanzen. Eins davon kann zu vielfachen, positiven Veränderungen in deinem Leben führen. Du willst dich entfalten und wohl fühlen, dabei steht das Glück an deiner Seite, genieße die göttliche Vorsehung. Die Sternenkarte fördert die Lebensfreude!

Das neunte Haus: Haus des Schützen – Jupiter

Philosophie – Reisen – Religion – Inspiration

Vorhersage: Entweder motiviert dich die Freude am Reisen dazu, deinen Horizont zu erweitern, oder du bist vom Ehrgeiz angetrieben – wie auch immer, es kommt Urlaubszeit, und es wird dich in die Ferne ziehen. Vielleicht willst du für längere Zeit ausbrechen, manchmal aus beruflichen Gründen, oder du wirst auswandern. Unter dieser Kartenstellung ist alles möglich. Religion, Philosophie, Ethik und höhere Bildung können dich beschäftigen und in deinem Leben eine sehr große Rolle spielen. Bist du diszipliniert, kannst du vieles erreichen.

Das zehnte Haus: Haus des Steinbocks – Saturn

»Die Krone« – Karriere – Machtposition – Anerkennung – Ehre – Berufung

Vorhersage: Deine Hobbys, Interessen, Beschäftigungen, alles, was du in deinem Leben mit Liebe machst, ist sehr wichtig für deine persönliche Entfaltung, für deine zukünftige Karriere und für deinen Erfolg. Egal was du machst, Gedichte schreiben, malen oder stricken: Hauptsache, es bereitet dir Freude. Der Erfolg meldet sich meistens ein bißchen später, sehr oft erst in der zweiten Lebenshälfte. Die nächsten Monate sind sehr vielversprechend. Das Glück auf dem Weg nach »oben« oder dein Streben nach Unabhängigkeit kann sich erfüllen.

Das elfte Haus: Haus des Wassermanns – Uranus

Ambitionen – Pläne – Vereinigung – Freundschaften

Vorhersage: Du bist sympathisch, wohlwollend und verständnisvoll, kein Wunder, daß du so viele Freunde und Bekannte hast. Vielen bleibst du treu, und die Treue zahlt sich aus. In der Not bleibst du nicht allein; deine Freunde werden dich mit Rat und Tat unterstützen, und du kannst auf sie zählen. Du hast gewöhnlich viele Pläne, du bist ein Macher. Deine Hoffnungen und Pläne werden sich im Lichte dieser wunderbaren Sternenkarte mit Sicherheit erfüllen.

Das zwölfte Haus: Haus der Fische – Neptun

Unbewußte Bedürfnisse – seelische Kraft – Abgeschlossenheit

Vorhersage: Du bist kein typischer Einsiedler, aber du mußt dich ab und zu zurückziehen und in der Stille der Einsamkeit Kraft schöpfen. Im Alleinsein fühlst du dich wohl und kannst über größere Wahrheiten nachdenken. Im allgemeinen schützt dich die Sternenkarte in diesem Haus vor schmerzhaften Erfahrungen, mit ihrer Hilfe kannst du alles Negative besser ertragen. Ein wichtiger Rat: Nutze eigene Fähigkeiten und Talente zu schöpferischer Arbeit, engagiere dich für wohltätige Zwecke!

Karte Nr. 17 – Die Störche – Herz-Dame

Grundbedeutung: Veränderung, Umwandlung, Abwechslung, Umbruch

Die Störche werden dem Lufttrigon zugeordnet. Als Luftwesen legen sie einen großen Wert auf ihre Nester und kümmern sich hingebungsvoll um die Familie. Genauso wie es bei den Luftmenschen ist, die jedoch einen Widerspruch in sich tragen. Ein Teil von ihnen ist seßhaft und will alles klären, der andere Teil ist von einer unstillbaren Sehnsucht nach Freiheit getragen. Alle Geschöpfe des Himmels lieben die Störche, die Freiheit, und viele von ihnen sind bereit, eine sehr lange Reise auf sich zu nehmen. Somit symbolisieren sie die Veränderung. Die Störche sind auch mit dem Planeten Uranus verwandt, der immer das Neue sucht und für Veränderungen und Unabhängigkeit steht.

Auch die Herz-Dame steht hier für die Wandlung, sie besitzt sehr viel Energie und hält alles und jeden in Bewegung.

Das erste Haus: Haus des Widders – Mars

Ego – Dasein – die »Persona«, die Maske, die man trägt – die eigene Persönlichkeit

Vielleicht bist du auf der Suche nach deiner wahren Identität, weltoffen und neugierig. Bleibe offen für neue Ideen und Gedankenströmungen. Du kannst zwischen dem Wunsch nach einem ruhigen Leben und dem Bedürfnis nach Abenteuer und Risiko hin- und hergerissen werden.

Vorhersage: Wenn du etwas riskierst, wirst du auch etwas erreichen. Nichts ändert sich, außer du änderst dich auch. Nur du kannst einen Wandel vollziehen, ob du dich damit in eine bessere Position bringst, ist nicht sicher. Dabei kann dir eine zweite Karte die Auswirkung zeigen. Berücksichtige jedoch, daß manchmal eine Veränderung unerwartet von außen kommt.

Das zweite Haus: Haus des Stiers – Venus als Morgenstern

Eigene Werte – Besitz – Finanzen

Du bist eine kluge »Powerfrau«, vielleicht ein kluger »Powermann«, der sich geordnete finanzielle Verhältnisse wünscht. Damit du frei und unabhängig leben kannst, mußt du genügend Geld besitzen. Diese Karte ist keine Garantie dafür. Laß dich nicht auf gewagte finanzielle Abenteuer ein, und verleihe dein Geld nicht.

Vorhersage: Veränderungen sind programmiert, aber ob sie »gut« oder »schlecht« sind, ist ungewiß, vieles liegt an dir selbst. Sei gewarnt! Ist deine Neugier sehr groß, dann ziehe noch eine andere Karte hinzu. Man kann auch noch das sechste Haus zu Rate ziehen, das für die Arbeit zuständig ist.

Das dritte Haus: Haus der Zwillinge – Merkur als Morgenstern

Information – Kontakt zu anderen – Austausch – Kommunikation

Vorhersage: Ausgerechnet diese Karte im Kommunikationshaus, das ist kein Zufall. Du wirst sehr rege Kontakte zu anderen pflegen. Es werden neue Bekanntschaften geknüpft, sei es beruflich oder privat. Bei dem Austausch mit anderen und deinen Ideen fehlt es manchmal an Tiefgang und Kontinuität. Sei nicht an schnellen Ergebnissen interessiert. Alles, was du anfängst, führe auch beharrlich zu Ende. Springe einmal über den eigenen Schatten.

Das vierte Haus: Haus des Krebses – Mond

Deine Wurzeln – dein Haus – Tradition – Sicherheit

Vorhersage: Es ist sehr wahrscheinlich, daß du häufig deine Umgebung wechselst. Du kannst umziehen, eine neue Wohnung beziehen etc. In deiner Situation können Änderungen eintreten, an die du nicht gedacht hast oder die du bewußt beabsichtigt hast. Das Bedürfnis nach einem Tapetenwechsel ist bei dir stark ausgeprägt. Im allgemeinen werden sich diese Änderungen positiv für dich auswirken, weil du nach einer glücklichen Familie und angenehmen Umgebung strebst.

Das fünfte Haus: Haus des Löwen – Sonne

Ausdruckskraft – Vergnügen – Gestaltung – Entwicklung – Kinder

Vorhersage: Du bist eine vielseitige Person, die sich auch kreativ ausdrücken möchte. Du kannst in vielen Bereichen produktiv sein. Gut, wenn du dich für etwas begeistern kannst, das beflügelt die Phantasie. Vielleicht hast du ein interessantes Hobby – schöpfe daraus Kraft und Freude. Auch die Sexualität ist dem fünften Haus zugeordnet. In bestehende Beziehungen zu Menschen, die man liebt, kommt frischer Wind, aber auch für Singles wird es abwechslungsreich. Glaube mir, du wirst dich nicht langweilen. Du hast eine gute Beziehung zu Kindern. Bist du noch kinderlos, dann kann ein Kind einiges in der Familie ändern. Laß dich positiv überraschen.

Das sechste Haus: Haus der Jungfrau – Merkur als Abendstern

Bewußte Bedürfnisse – Gesundheit – Arbeit

Vorhersage: Bei der Arbeit kann sich sehr viel ändern – im Positiven wie im Negativen. Bist du mit deinem Job oder im Beruf unzufrieden, dann suche eine Beschäftigung, die dich besser ausfüllt und die besser zu dir paßt. Eine Ausbildung, Umschulung oder Weiterbildung ist möglich. Habe keine Angst vor Neuerungen und vor Unbekanntem. Du mußt auch sehr auf deine Gesundheit aufpassen; du hast ein äußerst empfindliches Nervensystem, lerne, dich zu entspannen. Gut, daß du offen bist für alternative Heilmethoden.

Das siebte Haus: Haus der Waage – Venus als Abendstern

Wir und sie – Partnerschaft – Mitarbeit – Ehe

Vorhersage: Deine Freiheit und Unabhängigkeit sind dir heilig. Du willst dein Leben uneingeschränkt genießen. Einerseits hast du Angst vor Emotionen und Bindungen, andererseits willst du geliebt werden. Du findest den Mut und die Kraft, alles so anzugehen, wie es dir lieb ist. So vollzieht sich in dir ein Wandel, der auch eine Veränderung bewirkt. In den bestehenden Beziehungen kann sich auch vieles ändern, sehr oft zum Positiven. Außerdem wirst du rege Kontakte mit der Außenwelt haben, scheue dich nicht, über deinen Schatten zu springen.

Das achte Haus: Haus des Skorpions – Pluto

Die Werte anderer – Vererbung – Regeneration – Wiedergeburt – Tod

Vorhersage: Deine Vermögenslage kann sich aufgrund von Erbschaft, Heirat, Geschäftspartnern, Versicherungen, Steuern oder anderen finanziellen Mitteln plötzlich verändern. Ob diese Veränderungen sich für dich vorteilhaft oder unvorteilhaft auswirken, kann dir eine zusätzliche Karte zeigen. Jedoch bist du geschickt im Lösen von Problemen und hast die Kraft, dich gut zu regenerieren. Du möchtest alles wissen und Unbekanntes erforschen.

Das neunte Haus: Haus des Schützen – Jupiter

Philosophie – Reisen – Religion – Inspiration

Vorhersage: Dein Interesse bezieht sich auf viele Bereiche, vor allem auf die tiefgründigen Dinge des Lebens und auf interessante Reisen. Du wirst nicht nur physisch, sondern auch geistig reisen. Dein Bedürfnis nach intellektuellen Abenteuern wird sich deutlich steigern. Du kannst ruhig deine Koffer abstauben und dich mental auf eine Reise einstellen, es wird nötig. Überlege gut, welche Richtung du einschlagen willst. Die Sehnsucht nach Abwechslung im Lichte dieser Karte ist sehr groß.

Das zehnte Haus: Haus des Steinbocks – Saturn

»Die Krone« – Karriere – Machtposition – Anerkennung – Ehre – Berufung

Vorhersage: Bei der Verwirklichung des eigenen Lebensziels können dir Anpassungsvermögen und Kontaktfreudigkeit sehr behilflich sein. Wenn du dir auf dem Weg nach »oben« eine Veränderung wünschst, dann habe keine Angst vor Neuerungen und vor Unbekanntem. Tief im Inneren weißt du ganz genau, wohin die Veränderung dich bringen soll. Eine Herausforderung ist sehr reizvoll, traue sie dir nur zu.

Das elfte Haus: Haus des Wassermanns – Uranus

Ambitionen – Pläne – Vereinigung – Freundschaften

Vorhersage: Du willst deinem Leben eine grundlegende Wendung geben. Wenn du wirklich davon überzeugt bist, dann habe keine Angst vor den unbekannten Wagnissen, und scheue dich nicht, ins kalte Wasser zu springen. Stark ausgeprägte Intuition kann dir helfen, deine Pläne zu verwirklichen. Im Bekanntenkreis kannst du, ohne mit der Wimper zu zucken, alte Brücken einreißen, handle nicht voreilig, überlege jede Entscheidung gut.

Das zwölfte Haus: Haus der Fische – Neptun

Unbewußte Bedürfnisse – seelische Kraft – Abgeschlossenheit

Vorhersage: In der Einsamkeit, in der Stille arbeitest du gerne an deiner Selbstentfaltung, aber manchmal neigst du dazu, das eigene Können zu unterschätzen. Habe mehr Glaube an die eigenen Kräfte und Talente. Du hast vorausschauende, hellseherische Träume – nutze diese göttlichen Gaben. Laß dich führen!

Karte Nr. 18 – Der Hund – Herz-10

Grundbedeutung: Freundschaft, eine Personenkarte, der Freund, die Freundin, Treue, immerwährend, langfristig

Die Karte des Hundes spricht alle Menschen an, die offen und neugierig für andere sind. Keiner von uns ist für die Einsamkeit geschaffen, wir leben mit anderen und für andere. Wir leben in einer Gemeinschaft, suchen uns Partner und Freunde. Wir möchten für die anderen dasein, ein offenes Ohr haben, helfen, beistehen und alles mit anderen, mit unseren Freunden teilen. Wir versuchen, selber gute, treue und zuverlässige Freunde zu sein, und das gleiche erwarten wir von anderen.

Herz-10 steht wie alle Herzkarten für das Element »Feuer« und somit für das Leidenschaftliche in uns selbst, für Freunde und andere Personen, die uns wohlgesinnt sind.

Das erste Haus: Haus des Widders – Mars

Ego – Dasein – die »Persona«, die Maske, die man trägt – die eigene Persönlichkeit

Du bist so verläßlich und treu, wie ein Hund seinem Herrchen treu sein kann. Deine Treue gegenüber denjenigen, die du liebst, kennt keine Grenzen. Du bist sympathisch und immer bereit zu helfen. Du kannst auch angriffslustig sein, verschwindet dein Zorn, bist du nicht nachtragend.

Vorhersage: Zeige dich freundschaftlich, deine Treue wird belohnt. In der Freundschaft kannst du Erfüllung und wahre Freude finden!

Das zweite Haus: Haus des Stiers – Venus als Morgenstern

Eigene Werte – Besitz – Finanzen

Um dein Einkommen zu sichern, arbeitest du fleißig und riechst von weitem gute Geschäfte. Du hast eben eine Spürnase, genau wie ein Hund. Um deine Finanzen mußt du dir keine Sorgen machen, sie werden auf einem gewissen Niveau bleiben.

Vorhersage: Diese Stellung verspricht auch die Förderung durch Freunde und gesellschaftliche Kontakte, die zu einflußreichen Positionen führen.

Das dritte Haus: Haus der Zwillinge – Merkur als Morgenstern

Information – Kontakt zu anderen – Austausch – Kommunikation

Du besitzt einen ausgeprägten Gemeinschaftssinn. Wenn die Interessen der Mehrheit auf dem Spiel stehen, kann man sich auf deine Treue, Aufrichtigkeit und Integrität verlassen. Du pflegst einen regen Gedankenaustausch mit engen Freunden, hast ein gutes Verhältnis zu Geschwistern und Nachbarn. Deine gesellige und offene Art erlaubt dir, schnell neue Kontakte zu knüpfen.

Vorhersage: Es gelingt dir, in deinem Umfeld freundschaftliche Beziehungen herzustellen. Ein Freund steht dir behilflich zur Seite.

Das vierte Haus: Haus des Krebses – Mond

Deine Wurzeln – dein Haus – Tradition – Sicherheit

Sicherheit der Familie ist dir besonders wichtig, du wirst sie nie aus dem Blickfeld verlieren. Die Familie kann sich auf dich verlassen, und umgekehrt. In deiner Familie herrscht eine freundschaftliche Beziehung, und das ist sehr viel wert. Gefühlsmäßig bist du ihr sehr verbunden.

Vorhersage: Am Herd der Familie fühlst du dich wohl und geborgen, sie wird für dich zu einer Kraftquelle, aus der du schöpfen kannst. Auch wenn das nicht immer so war, ab jetzt kann sich vieles ändern – natürlich zum Positiven.

Das fünfte Haus: Haus des Löwen – Sonne

Ausdruckskraft – Vergnügen – Gestaltung – Entwicklung – Kinder

Vorhersage: Du bist beliebt, hast Freude am Leben und willst Spaß haben. Im Lichte dieser Karte kannst du dich glücklich schätzen. An Gelegenheiten für romantische Erlebnisse wird es nicht mangeln, »ein Hund« hat keine Probleme, Bekanntschaften zu schließen. Du kannst wirklich verspielt sein und viel Vergnügen dabei haben. Nutze die Gunst der Stunde. Es ist auch möglich, daß du einen echten Freund fürs Leben gewinnst.

Das sechste Haus: Haus der Jungfrau – Merkur als Abendstern

Bewußte Bedürfnisse – Gesundheit – Arbeit

Wenn es darum geht, zu handeln oder zu arbeiten, schonst du dich nicht. Du scheinst unermüdlich zu sein und kannst dich bis zum äußersten anstrengen. Du bist teamfähig, am besten arbeitest du in einer Gruppe. Dein Fleiß wird bemerkt und belohnt. Dein Arbeitsplatz ist sicher, du brauchst nichts zu befürchten.

Vorhersage: Setze nicht deine Gesundheit aufs Spiel, du brauchst viel Ruhe. Laß dich von anderen nicht ausnutzen. Es ist sehr wahrscheinlich, daß du am Arbeitsplatz einen echten Freund gewinnst.

Das siebte Haus: Haus der Waage – Venus als Abendstern

Wir und sie – Partnerschaft – Mitarbeit – Ehe

In der Liebe bist du treu wie ein Hund. Aber die Treue, die du selbst erwartest, kann sich als erstickend erweisen. Dein Besitzanspruch führt dazu, daß du ängstlich, mißtrauisch und unglücklich bist. Du pflegst gerne gefühlvolle Beziehungen, bist sentimental und sinnlich, aber an echte, immerwährende Liebe zu glauben fällt dir schwer.

Vorhersage: Bringe Ordnung in dein Gefühlsleben, in deine Beziehung. Bist du Single, so ist es sehr wahrscheinlich, daß du auf deinem Weg einen verläßlichen und vertrauten Freund triffst.

Das achte Haus: Haus des Skorpions – Pluto

Die Werte anderer – Vererbung – Regeneration – Wiedergeburt – Tod

Vorhersage: In schwierigen und hoffnungslosen Situationen kann dir ein treuer und verläßlicher Freund helfen. Hast du keinen hilfsbereiten Freund, dann rechne mit Hilfe von einer wohlgesinnten Person, das kann auch ein Verwandter sein. Rechne mit einem finanziellen Aufschwung durch Heirat, andere Partnerschaften oder gesellschaftliche Beziehungen. Eine Erbschaft kann man nicht ausschließen.

Das neunte Haus: Haus des Schützen – Jupiter

Philosophie – Reisen – Religion – Inspiration

Vorhersage: Als gesellige und fröhliche Person unternimmst du sehr oft längere Vergnügungsreisen. Reisen bildet, und du bist bereit, deinen Horizont zu erweitern. Es ist sehr wahrscheinlich, daß du gerade auf Reisen einen interessanten Menschen kennenlernst. Zeige dich offen und freundschaftlich. Du kannst dich sogar verlieben. Religion und Philosophie sind eine Quelle der Ruhe.

Das zehnte Haus: Haus des Steinbocks – Saturn

»Die Krone« – Karriere – Machtposition – Anerkennung – Ehre – Berufung

Vorhersage: Mit Disziplin und Gehorsam kannst du einiges im Leben erreichen. Auf dem Weg nach »oben« kann dir ein hilfsbereiter Freund (ein Ehemann, ein Verwandter) gute Dienste leisten. Vergiß diese Person nicht, wenn du später ausgezeichnet und geehrt wirst. Denke nicht, daß alles, was du erreicht hast, dein eigenes Verdienst ist. Sehr oft ist das eher ein Resultat der Gemeinschaft, die deinen Willen, ein Ziel zu erreichen, gefördert hat.

Das elfte Haus: Haus des Wassermanns – Uranus

Ambitionen – Pläne – Vereinigung – Freundschaften

Deine Freunde schätzen deinen positiven, spontanen und gutmütigen Charakter. Aber wenn du dich verraten, getäuscht oder verlassen fühlst, bist du etwas nachtragend. Wenn du dir selbst überlassen bist, zeigst du Anzeichen von Schwermut und reagierst deprimiert, aber das muß nicht sein, denn du hast viele Bekannte und Freunde. Du magst eben nicht allein sein.

Vorhersage: Oft wird aus einer Freundschaft Liebe und aus der Liebe Freundschaft. Schmiede nicht zu viele neue Pläne, bleibe so spontan, wie du bist!

Das zwölfte Haus: Haus der Fische – Neptun

Unbewußte Bedürfnisse – seelische Kraft – Abgeschlossenheit

Vorhersage: Laß dich leiten, lerne, wieder auf dein wahres Ich zu hören, und ziehe dich ab und zu in die Einsamkeit zurück und meditiere. In der Stille und Zurückgezogenheit fühlst du dich gut. Schöpfe Kraft und Inspiration aus dieser Quelle. Dein sehr starkes Einfühlungsvermögen wird dir in jeder Lage deines Lebens helfen.

Karte Nr. 19 – Der Turm – Pik-6

Grundbedeutung: Trennung, Isolation, Hindernis, eigenes Leben, eine Personenkarte, sehr oft der unbeliebte Chef, Grenzen, Berg, Hochhaus, Turm

Der Turm wird dem Planeten Pluto zugeordnet, durch seinen erzieherischen Aspekt wirkt er destabilisierend. Er stört, verwirrt, bringt durcheinander, stellt in Frage und ist mit dem Stand der Dinge nicht zufrieden. Denn ein Grundprinzip der Schöpferkraft besteht darin, alles Etablierte umzustürzen und eine neue Ordnung zu schaffen. Pluto symbolisiert den tiefen Drang nach Umwandlung und den verborgenen Zerstörungsdrang. Sein Tagesdomizil ist das Zeichen des Skorpions, sein nächtliches Domizil ist das Zeichen des Widders.

Pik-6 symbolisiert wie alle Pik-Karten das Element »Wasser«, die Karte erscheint in unruhigen Zeiten und zwingt uns zu mehr Ruhe, zum Nachdenken und zu einer Entscheidung.

Das erste Haus: Haus des Widders – Mars

Ego – Dasein – die »Persona«, die Maske, die man trägt – die eigene Persönlichkeit

Du besitzt eine tiefe Persönlichkeit und bist sehr ehrgeizig. Eine Zusammenarbeit mit dir ist nicht immer leicht, weil du im Grunde ein Einzelgänger bist. Außerdem willst du anderen den eigenen Willen aufzuzwingen. Du erweckst in anderen mehr Respekt als Sympathie.

Vorhersage: Bemühe dich, dich mehr anzupassen, Kompromißfähigkeit zu erlernen, sondere dich nicht ab, sei nicht zu egoistisch. Wenn du diese Ratschläge nicht berücksichtigst, können die kommenden Monate schwierig und einsam werden.

Das zweite Haus: Haus des Stiers – Venus als Morgenstern

Eigene Werte – Besitz – Finanzen

Du bist eine »Selfmadewoman«, ein »Selfmademan« und kennst die Macht des Geldes. Du willst das eigene Können unter Beweis stellen. Spiele immer ein faires Spiel, so kannst du Probleme von dir fernhalten. Dein Egoismus kann dich in ernsthafte Schwierigkeiten bringen.

Vorhersage: Du kannst in Rechtsstreitigkeiten verwickelt werden. Manchmal erhält man Geld aus verborgenen Quellen.

Ansonsten: selbstgemauerte Schwierigkeiten

Das dritte Haus: Haus der Zwillinge – Merkur als Morgenstern

Information – Kontakt zu anderen – Austausch – Kommunikation

Du bist der Einzelgänger, der seine Gedanken für sich behalten will. Du besitzt einen starken, revolutionären Geist, der jeder Herausforderung gewachsen ist. Dank ihm und deinem Einfallsreichtum gewinnst du Freunde und Partner, die dir bei der Verwirklichung deiner Ideen behilflich sind.

Tips für die Zukunft: Mache aus allem das Beste, zeige mehr Geduld gegenüber deinen Mitmenschen, und nutze deine geistigen Möglichkeiten.

Das vierte Haus: Haus des Krebses – Mond

Deine Wurzeln – dein Haus – Tradition – Sicherheit

Deine dominierende Haltung gegenüber anderen Familienangehörigen kann dir nur Probleme bereiten. Geh bitte nicht zu weit, sonst wirst du dich in der eigenen Familie einsam fühlen.

Vorhersage: Du wirst auf die Probe gestellt, zieh dich warm an! Nimm dich jedoch nicht zu ernst. Du willst zu Hause

das Sagen haben, der eigene Herr sein und dein Schicksal selbst bestimmen. Du willst der eigenen Familie alle Wünsche erfüllen – im Lichte dieser Karte kann es dir auch gelingen. Führe keine Machtkämpfe mit anderen Familienmitgliedern.
Es ist wahrscheinlich, daß du dich von deiner Familie trennst, vielleicht planst du einen Umzug. Isoliere dich nicht zu sehr von deiner Familie, wer bist du ohne sie? Wer sind wir ohne unsere Wurzeln? Außerdem drohen unterschiedliche Probleme.

Das fünfte Haus: Haus des Löwen – Sonne

Ausdruckskraft – Vergnügen – Gestaltung – Entwicklung – Kinder

Vorhersage: Hier muß ich ein paar Tips oder Ratschläge geben, damit deine Zukunft sonniger wird. Halte dich nicht für zu wichtig, du hast keine Macht über andere, also strebe nicht danach. Die Liebe kann dich beflügeln, aber versuche nicht, den Liebespartner zu dominieren. Mit Zurückweisung mußt du zurechtkommen, schließlich bist du nicht der Nabel der Welt. Verbirg deine Liebe nicht, lerne, über sie zu sprechen. Sei nicht übertrieben streng zu deinen Kindern, eine ausgewogene Mitte ist das beste.

Ein Tip für die Zukunft: Verzichte nicht auf Partys, gesellschaftliche Anlässe, Ausgehen etc. (das machst du sehr oft). Die anderen brauchen dich.

Das sechste Haus: Haus der Jungfrau – Merkur als Abendstern

Bewußte Bedürfnisse – Gesundheit – Arbeit

Vorhersage: Entweder arbeitest du schon in der Chefetage, oder du bist nahe dran. Ansehen und Anerkennung sind dir sehr wichtig. Du bist stark karriereorientiert, aber nicht ohne Grund. Um deine Ziele zu erreichen, treibst du dich selbst an. Hab keine Angst vor Konkurrenz, deine Bemühungen werden anerkannt. Sei im Umgang mit deinen Mitarbeitern nicht zu diktatorisch, und versuche nicht, andere zu manipulieren. Achte vor allem auf deine Gesundheit und auf gesunde Ernährung, überarbeite dich nicht.

Das siebte Haus: Haus der Waage – Venus als Abendstern

Wir und sie – Partnerschaft – Mitarbeit – Ehe

Vorhersage: Versuche nicht, in der Ehe, in der Beziehung deinen Partner zu beherrschen und zu dominieren. Das kann wirklich schlecht enden, sogar mit einer Trennung. Lerne, in der Beziehung mit deinem Partner zusammenzuarbeiten, sei toleranter und verständnisvoller. Dank der Waage, die das siebte Haus beherrscht, kannst du dich für Schwächere einsetzen, sie hat dir Gerechtigkeitssinn gegeben. Sei vorsichtig bei der Wahl deines Lebenspartners, nimm dir viel Zeit zum Kennenlernen.

Das achte Haus: Haus des Skorpions – Pluto

Die Werte anderer – Vererbung – Regeneration – Wiedergeburt – Tod

Du hast eine sehr große innere Kraft, das ist dir nicht immer bewußt. Dank dieser Stellung (Turmkarte im Hause des Skorpions) wirst du auch Menschen mit starker innerer Kraft anziehen. Du nimmst dein Leben ernst, und deine Möglichkeiten entdeckst du mit der Zeit. Besser später als nie – das ist deine Devise.

Vorhersage: Es können ernste Probleme auftauchen.

Das neunte Haus: Haus des Schützen – Jupiter

Philosophie – Reisen – Religion – Inspiration

Vorhersage: Warum solltest du kein geistiger Führer sein? Einerseits zeigst du Interesse an Spirituellem, andererseits bist du wie geschaffen für führende Positionen. Du vertiefst dich gerne in psychologische, metaphysische, philosophische und mystische Literatur. Längere Reisen inspirieren dich und erweitern deinen Horizont. Jedoch ist größte Vorsicht geboten, du kannst mit Schwierigkeiten im Ausland rechnen. Paß an Grenzübergängen auf!

Das zehnte Haus: Haus des Steinbocks – Saturn

»Die Krone« – Karriere – Machtposition – Anerkennung – Ehre – Berufung

Vorhersage: Du strebst eine Karriere an, dein persönlicher Ehrgeiz kennt keine Grenzen. Vermeide dabei diktatorische Tendenzen, du kannst doch sehr gut mit Menschen umgehen. Widme dich hingebungsvoll deinen Projekten, Zielen, Lebensaufgaben und deiner Arbeit. Bei deinem Werdegang kannst du viele Richtungen einschlagen, finde heraus, was für dich das Beste ist.

Das elfte Haus: Haus des Wassermanns – Uranus

Ambitionen – Pläne – Vereinigung – Freundschaften

Eigene Lebensaufgaben zu erfüllen ist für dich sehr wichtig, deshalb arbeite weiter fleißig daran. Es macht dir sehr große Freude, die eigenen Fähigkeiten unter Beweis zu stellen. Bei der Verwirklichung deiner Pläne sind erfolgreiche Partnerschaften sehr wichtig, sei also ganz vorsichtig im Umgang mit Arbeitskollegen, Mitarbeitern und Freunden. Respektiere die Rechte der anderen, nur so kannst du etwas erreichen.

Vorhersage: Es ist sehr wahrscheinlich, daß alte Freundschaften auseinandergehen oder daß du dich von manchen Leuten trennst.

Das zwölfte Haus: Haus der Fische – Neptun

Unbewußte Bedürfnisse – seelische Kraft – Abgeschlossenheit

Sich zurückzuziehen, um zu meditieren und über alles nachzudenken, ist für dich wie selbstverständlich. Du fühlst dich unwiderstehlich von den tieferen Problemen des eigenen Unterbewußten angezogen. Du hast eine positive Haltung gegenüber mystischen, spirituellen und gesellschaftlichen Fragen.

Vorhersage: Verzichte auf Drogen, Tabletten und Alkohol, halte dich von spirituellen Séancen fern.

Karte Nr. 20 – Der Garten – Pik-8

Grundbedeutung: Öffentlichkeit, Menschen, Gesellschaft, großes Haus, Wohnhaus, in Verbindung mit anderen Karten auch andere Häuser

Diese Karte trägt eindeutig die Eigenschaften der Sonne und wird mit dem Sternzeichen Löwe assoziiert. Der Löwe ist bekannt als König der Tiere, seine königliche Mähne wird mit Sonnenstrahlen verglichen. Man sieht in ihm ein solares Symbol der Kraft. Als Mensch versinnbildlicht er die körperliche Reife, nimmt regen Anteil am öffentlichen Leben, steht gerne im Rampenlicht.

Pik-8 überredet uns zur Erholung und zum Ausgehen, damit wir uns entspannen und amüsieren. Wir brauchen den Gedanken- und Gefühlsaustausch, und wir haben das Bedürfnis danach.

Das erste Haus: Haus des Widders – Mars

Ego – Dasein – die »Persona«, die Maske, die man trägt – die eigene Persönlichkeit

Du bist eine optimistische und vitale Person, die ein starkes Ego besitzt. Viele beneiden dich um dein Selbstbewußtsein, du scheinst jeder Situation gewachsen zu sein. Du brauchst deine Unabhängigkeit nicht weniger als die Bewunderung und Billigung anderer Menschen.

Vorhersage: Egal was dich demnächst erwartet, du kannst mit Glück rechnen und auf das Beste hoffen. Die Sterne meinen es gut mit dir! Große öffentliche Kontakte.

Das zweite Haus: Haus des Stiers – Venus als Morgenstern

Eigene Werte – Besitz – Finanzen

Du bist sehr materialistisch eingestellt. Materieller Erfolg ist dir sehr wichtig, und die Vorstellung, von jemandem abhängig zu sein, ist schrecklich für dich. Deswegen nutze jede Gelegenheit, die sich bietet, und sichere deine finanzielle Zukunft.

Vorhersage: Meistens hast du im Geldausgeben »leichte Hand«, sei also nicht zu verschwenderisch, vergeude deinen Besitz nicht, sonst wendet sich Fortuna von dir ab.

Das dritte Haus: Haus der Zwillinge – Merkur als Morgenstern

Information – Kontakt zu anderen – Austausch – Kommunikation

Du bist rhetorisch sehr gewandt, diese angeborene Gabe für Kommunikation und Austausch sollte eine Rolle in deinem Berufsleben spielen. Du liebst es, die Aufmerksamkeit auf dich zu ziehen, deswegen wäre das Gebiet der Public Relations genau das richtige für dich. Du kannst Verbindungen aufbauen, Ideen austauschen und vielfältige Beziehungen genießen.

Vorhersage: Viele Kontakte warten auf dich, bleibe spontan, offenherzig und humorvoll.

Das vierte Haus: Haus des Krebses – Mond

Deine Wurzeln – dein Haus – Tradition – Sicherheit

Du brauchst starke Familienbindungen, um dich wohl zu fühlen, und auch die Sicherheit, die du aus der Kindheit kennst. Diese Stellung verspricht auch eine gute Zeit für diejenigen, die eine eigene Familie gründen wollen, ein eigenes Nest aufbauen möchten. Du bist stets stark an Heimat, Zuhause und Familie interessiert.

Vorhersage: Gäste sind bei dir herzlich willkommen. Du hast viel Freude am Familienleben.

Das fünfte Haus: Haus des Löwen – Sonne

Ausdruckskraft – Vergnügen – Gestaltung – Entwicklung – Kinder

Mit deiner vitalen Energie, Wärme, Großzügigkeit und deinem schöpferischen Potential willst du dich ausdrücken und dein Leben genießen. Du möchtest beliebt sein und bewundert werden, und du bist sehr auf Vergnügen aus. Gegenüber den Kindern und allen anderen, die du liebst, bist du sehr warmherzig und freigebig.

Vorhersage: Die Sonnenseite des Lebens lächelt dich an. Gesellschaftliche Anlässe, Partys, Vergnügungen und viele Gelegenheiten zum Flirten bieten sich dir, egal ob du frei oder längst vergeben bist. Übertreibe es nicht mit deiner Genußsucht!

Das sechste Haus: Haus der Jungfrau – Merkur als Abendstern

Bewußte Bedürfnisse – Gesundheit – Arbeit

Du willst an die Öffentlichkeit, willst glänzen und strebst nach einer Führungsposition. Begeisterungsfähig wie du bist, stehst du schnell in Flammen; leicht kannst du dein »Publikum« beeindrucken, das kann nicht jeder. Habe deine Visionen immer vor Augen, arbeite hart an deinen Zielen, dann schaffst du es in die obersten Etagen. Gönne dir ein bißchen Ruhe, und achte auch auf gesunde Ernährung.

Vorhersage: Es wird keine Ruhe geben, das ist gut für dich, weil du dich schnell langweilst. Große Kontakte, große Möglichkeiten, große Chancen bieten sich dir.

Das siebte Haus: Haus der Waage – Venus als Abendstern

Wir und sie – Partnerschaft – Mitarbeit – Ehe

Vorhersagen: Wenn du Single bist, begib dich auf die Partnersuche. Es werden sich viele Gelegenheiten dazu bieten, du kannst deinen Lebenspartner finden und mit ihm die Erfüllung. Die Vereinigung wird in deinem Leben eine sehr große Rolle spielen. In der Ehe wird über den Führungsanspruch nicht diskutiert, und man ist sich nicht immer treu – die Versuchung ist größer. Jedoch muß es nicht so sein, du kannst in der Beziehung auch treu wie ein Hund werden. Du liebst es, mit anderen zusammenzuarbeiten, hast Talent zur Menschenführung und zweifelst nicht an den eigenen Fähigkeiten.

Das achte Haus: Haus des Skorpions – Pluto

Die Werte anderer – Vererbung – Regeneration – Wiedergeburt – Tod

Vorhersage: Wenn du in eine Lebenskrise gerätst, versuche, daraus zu lernen. Statt materialistisch zu denken, versuche, mehr zu einer spirituell geprägten Haltung zu gelangen. Erforsche die tieferen Geheimnisse des Lebens, das hilft dir, mehr im Einklang mit dir selbst zu leben. Lerne Verantwortung zu tragen, auch in finanziellen Angelegenheiten.

Das neunte Haus: Haus des Schützen – Jupiter

Philosophie – Reisen – Religion – Inspiration

Vorhersage: Irgendwas treibt dich in Richtung Abenteuer und Forschungsreise. Um deinen Horizont zu erweitern und Unbekanntes zu erfahren, wirst du verreisen. Du brauchst viel Bewegungsfreiheit und Nahrung für die Seele. »Andere Länder, andere Sitten«, die Redensart hat für dich einen besonderen Klang. Das Ausland kann demnach eine wichtige Rolle spielen, aber auch menschliche Kontakte im allgemeinen, seien es die Einheimischen selbst oder die Mitreisenden.

Das zehnte Haus: Haus des Steinbocks – Saturn

»Die Krone« – Karriere – Machtposition – Anerkennung – Ehre – Berufung

Vorhersage: Du bist auf der Suche nach Unabhängigkeit und gesellschaftlicher Anerkennung. Im Rampenlicht zu stehen und zu glänzen entspricht wahrscheinlich deiner wahren Natur.

Im Lichte dieser Karte werden sich dir wunderbare Chancen bieten, der Weg nach »oben« ist frei für dich. Du wirst viele Kontakte mit dem breiten Publikum haben und kannst deine Talente unter Beweis stellen.

Das elfte Haus: Haus des Wassermanns – Uranus

Ambitionen – Pläne – Vereinigung – Freundschaften

Ausgerechnet die Gartenkarte liegt im Haus der Freunde, das ist kein Zufall. Erstens kannst du sehr gut mit Menschen umgehen, zweitens hast du eine kommunikative Begabung, drittens bekommst du genug Gelegenheiten, deine Talente zu nutzen. Beziehungen zu Freunden sind wichtig, erbauend, erfreulich. Du setzt dir neue Ziele, die du immer wieder neu verwirklichen möchtest. Dein Ehrgeiz kennt keine Grenzen.

Vorhersage: Viele gesellschaftliche Kontakte warten auf dich, sei nicht zu egoistisch und auf gar keinen Fall arrogant!

Das zwölfte Haus: Haus der Fische – Neptun

Unbewußte Bedürfnisse – seelische Kraft – Abgeschlossenheit

Du bist in der Lage, ganz allein, sogar in der Isolation zu arbeiten. Deine eigene Gedanken- und Phantasiewelt ist dir sehr wichtig. Du bist eher ein Einzelgänger. Du bist nicht besonders an materiellen Dingen interessiert und neigst dazu, dich von materiellen Belangen und gesellschaftlichen Verpflichtungen loszusagen.

Vorhersage: Arbeite an der eigenen Entfaltung, erforsche das Geheimnisvolle und das spirituelle Leben.

Karte Nr. 21 – Der Berg – Kreuz-8

Grundbedeutung: Schwierigkeiten, Hindernisse, Blockade, eine Personenkarte, z.B. ein dominanter Mann, ein unangenehmer Chef

Der Berg symbolisiert genauso wie die Kreuzkarte das Element Erde und damit das Reale und das Standhafte. Wir bringen die Karte mit dem Sternzeichen Steinbock in Verbindung, der immer höher steigen und klettern will. Der Berg stellt Probleme und Herausforderungen dar, aber unser Steinbock hat keine Angst davor, harte Zeiten erträgt er bestens. Er ist zäh und eigensinnig, und er geht außergewöhnliche Wege, um als Erster ins Ziel zu gelangen.

Kreuz-8 ist stets Symbol für eine Herausforderung, eine Aufgabe, ein Ziel, das man anstrebt. Mit Mut sollte man an die Lösung jener Aufgaben gehen und vor Belastungen nicht zurückschrecken – das tut unser Steinbock mit Bravour. Er hat großes Vertrauen in die eigene Kraft, ist realistisch und vorsichtig. Er strebt unbeirrt dem Gipfel entgegen und läßt sich durch keinerlei Hindernisse von seinem Weg abbringen.

Das erste Haus: Haus des Widders – Mars

Ego – Dasein – die »Persona«, die Maske, die man trägt – die eigene Persönlichkeit

Du bist ehrgeizig und willst als etwas Besonderes auf dieser Welt gelten. Deine Zähigkeit ist erstaunlich, sie hilft dir, Widerstände und Rückschläge zu meistern, aber auch an ihnen zu wachsen. Auf deine Mitmenschen wirkst du ein bißchen fern und unnahbar. Vergiß nicht, daß die anderen dir auch etwas anzubieten haben.

Vorhersage: Die kommenden Wochen oder Monate (man muß die Zeitspanne vor der Legung bestimmen) werden für dich nicht leicht, du mußt dich beweisen. Vielleicht wirst du auf die Probe gestellt, aber die Hindernisse und Schwierigkeiten sind dazu da, aus dem Weg geräumt zu werden.

Das zweite Haus: Haus des Stiers – Venus als Morgenstern

Eigene Werte – Besitz – Finanzen

In Geldangelegenheiten hast du immer das richtige Gespür für die Situation und weißt ganz genau, was für dich am besten ist. Jedoch wird es diesmal anders. Im Lichte dieser Karte solltest du kein Risiko eingehen, beschränke dich nur auf sichere, gefahrlose Möglichkeiten zur Geldanlage. Verwalte deine Finanzen allein. Wenn du dein Geld anderen anvertraust, dann sei doppelt so vorsichtig und mißtrauisch.

Vorhersage: Es kommt eine Zeit großer Belastungen auf dich zu. Ein überschrittener Dispokredit, unbezahlte Rechnungen, alte oder neue Schulden können dir zu schaffen machen – aber du bist felsenhart!

Das dritte Haus: Haus der Zwillinge – Merkur als Morgenstern

Information – Kontakt zu anderen – Austausch – Kommunikation

Du hast Schwierigkeiten, Zuneigung zu zeigen, und im allgemeinen fühlst du dich in der Gegenwart anderer nicht sehr wohl. Manchmal bist du hochmütig, und das macht dich nicht besonders beliebt. Schüchternheit hilft dir auch nicht, Kontakte zu knüpfen. Du neigst auch dazu, deine eigenen Fähigkeiten zu unterschätzen, jedoch möchtest du über alles informiert werden, und du reist gerne, um etwas zu lernen.

Vorhersage: Nutze deine diplomatische Begabung im Umgang mit anderen, sei ein bißchen offener und toleranter!

Das vierte Haus: Haus des Krebses – Mond

Deine Wurzeln – dein Haus – Tradition – Sicherheit

Du kannst dich in deiner Familie allein und isoliert fühlen, aber spiel bitte keinen Eremiten. Freue dich, solange du eine Familie hast. Manchmal fühlst du dich durch sie ein bißchen eingeschränkt, aber es muß nicht so sein, weil du dich gut organisieren kannst. Lerne, dich selbst mehr zu mögen und deine Gefühle zum Ausdruck zu bringen.

Vorhersage: Es kommen große Belastungen auf dich zu, aber sie werden nicht ewig dauern. Gedulde dich, dann sind sie bald überstanden. Du bist stark!

Das fünfte Haus: Haus des Löwen – Sonne

Ausdruckskraft – Vergnügen – Gestaltung – Entwicklung – Kinder

Vorhersage: Es wird nicht leicht für dich, einen Partner (eine Partnerin) zu finden. Einerseits, weil du Angst hast, nicht akzeptiert zu werden, andererseits kann es an Gelegenheiten dazu mangeln. Nichtsdestoweniger überwinde deine Komplexe, und suche Gelegenheiten zum Ausgehen, sonst kannst du in Einsamkeit geraten. Eigentlich möchtest du doch gebraucht und akzeptiert werden. Hab keine Angst vor Intimitäten, und sorge dich nicht zuviel, sonst bleibt die Freude an der Liebesbeziehung auf der Strecke. Wenn du dich offen und warmherzig gibst, wirst du glücklicher!

Es können Schwierigkeiten in der Schwangerschaft, bei der Geburt oder der Erziehung älterer Kinder auftreten.

Das sechste Haus: Haus der Jungfrau – Merkur als Abendstern

Bewußte Bedürfnisse – Gesundheit – Arbeit

Vorhersage: Du überläßt nichts dem Zufall, bist gut organisiert, diszipliniert und arbeitest methodisch und hart. Du eignest dich hervorragend für leitende Positionen. Schwierige und delikate Aufgaben kannst du leicht bewältigen. Manchmal kann die Arbeit zur Droge werden, die höchste Priorität haben, oder du hast gar keine Arbeit. So oder so, du mußt mit solchen Belastungen rechnen – aber du verstehst es sehr gut, Probleme zu lösen, und das ist in einer schwierigen Zeit sehr tröstend. Gesundheitlich mußt du sehr auf dich aufpassen. Deine Lebenshaltung kann zu chronischen gesundheitlichen Störungen führen.

Das siebte Haus: Haus der Waage – Venus als Abendstern

Wir und sie – Partnerschaft – Mitarbeit – Ehe

Vorhersage: In jeder Art von Beziehung bist du sehr wählerisch, aber wenn du dich einmal entscheidest, dann fürs Leben. Ob du nach einem festen Lebenspartner suchst (es wird nicht leicht sein, ihn zu finden) oder ihn bereits gefunden hast, es wird sehr viel von dir verlangt. Du hast ein Ziel vor Augen, welches du erreichen möchtest, und dorthin solltest du deine Energie lenken. Du verstehst es sehr gut, Probleme zu lösen.

Das achte Haus: Haus des Skorpions – Pluto

Die Werte anderer – Vererbung – Regeneration – Wiedergeburt – Tod

Vorhersage: Es kann zu Rechtsstreitigkeiten und anderen Schwierigkeiten kommen, z.B. kann eine zustehende Erbschaft abgesprochen werden. Im Falle einer Scheidung kann man durch Alimentevereinbarungen Geld verlieren, vielleicht muß man Steuern nachzahlen. Du denkst meist zuerst an materielle und erst danach an menschliche Werte, vor allem im Beruf.

Wenn du etwas erreichen und deine Wünsche erfüllen willst, nimm Rücksicht auf Gefahren und die Bedürfnisse anderer Menschen. Du kannst dich trotzdem regenerieren und erholen.

Das neunte Haus: Haus des Schützen – Jupiter

Philosophie – Reisen – Religion – Inspiration

Vorhersage: Du machst alles aus Überzeugung, und wenn du verreist, dann nur, um zu lernen. In diesem Fall bist du offen für andere und für die Welt. Vielleicht willst du ein gebirgiges Land besuchen oder ganz einfach in die Berge fahren, um die Natur besser zu verstehen. So oder so, sei vorsichtig auf Reisen, besonders im Umgang mit Einheimischen. Du kannst dich auch mit großer Hingabe philosophischen Studien widmen, im spirituellen Bereich bist du zu großer Askese fähig.

Das zehnte Haus: Haus des Steinbocks – Saturn

»Die Krone« – Karriere – Machtposition – Anerkennung – Ehre – Berufung

Vorhersage: Du kannst sehr viel aus eigener Kraft schaffen, aber auch verlieren. Konzentriere dich auf die eigenen Ziele, arbeite hartnäckig, denn du wünschst dir nichts anderes als eine solide, dauerhafte und unveränderliche Position. Du kannst auch eine Gelegenheit beim Schopf packen und, ohne mit der Wimper zu zucken, den Chefposten übernehmen. Herausforderungen ziehen dich magisch an, du redest nicht über Probleme, du meisterst sie. Sei dabei nicht zu mißtrauisch und herrschsüchtig, sonst kann sich Fortuna von dir abwenden.

Das elfte Haus: Haus des Wassermanns – Uranus

Ambitionen – Pläne – Vereinigung – Freundschaften

Vorhersage: Du willst deine Pläne verwirklichen und gehst dabei sehr direkt und zielstrebig vor. Du verstehst es, dich optimal zu organisieren, bist verantwortungsbewußt, talentiert und ehrgeizig. Dabei legst du großen Wert auf Freundschaft und Freunde. Jedoch mußt du, bevor deine Erwartungen in Erfüllung gehen, einige Hindernisse überwinden. Dazu bist du gut gerüstet. Der Austausch mit verläßlichen Menschen ist dir sehr wichtig, sei ihnen gegenüber nicht zu kritisch und zu streng, sonst wenden sich die Freunde von dir ab, und du bleibst am Ende allein.

Das zwölfte Haus: Haus der Fische – Neptun

Unbewußte Bedürfnisse – seelische Kraft – Abgeschlossenheit

Vorhersage: Du hast dich wirklich dafür entschieden, einsam zu leben, die Umstände haben dazu beigetragen, oder du hast dich zurückgezogen, um dich auf die Suche nach spirituellen Erkenntnissen zu begeben. Wenn du das Bedürfnis hast, dich selbst zu erforschen, um über dich selbst hinauszuwachsen, ist das auch sehr schön. Wenn du jedoch traurig bist, suche Kontakt zu anderen, und sprich dich aus.

Karte Nr. 22 – Die Wege – Karo-Dame

Grundbedeutung: Entscheidung, unser Lebensweg, Scheidewege, Kreuzung, Ausweichmöglichkeit

Die Wegekarte besitzt die Eigenschaften der Luftzeichen, man sollte dabei an die doppelten Sternzeichen denken, wie die Waage (zwei Schalen) oder die Zwillinge (zwei Personen). Die Waage zerbricht sich den Kopf an jeder Entscheidung. Der Zwilling steht unter dem Merkur-Einfluß, der für unseren Verstand, unsere Denkweise steht. Karo versinnbildlicht das Element »Luft« und damit den Geist und die Ebene der Gedanken.

Die Karo-Dame fordert von uns eine Entscheidung, die Wegekarte stellt uns auch vor eine Wahlmöglichkeit. Wir müssen uns entscheiden, hoffentlich werden wir eine richtige Entscheidung treffen. Diese Karte beschreibt auch unseren Lebensweg, den wir beschreiten müssen, und all das, was uns auf diesem unbekannten Weg erwartet.

Das erste Haus: Haus des Widders – Mars

Ego – Dasein – die »Persona«, die Maske, die man trägt – die eigene Persönlichkeit

Das »Wählen« sollte bei dir eine wichtige Rolle spielen. Du fällst nie eine Entscheidung, bevor du nicht alle Aspekte des Problems genau untersucht hast. Du erwägst lange und intensiv das Für und Wider. In jeder Situation suchst du nach dem Kompromiß, dem goldenen Mittelweg. Deine Beobachtungsgabe, deine Objektivität können dir bei jeder Entscheidung helfen.

Vorhersage: Versuche, die beste Wahl zu treffen, laß dich nicht von anderen beeinflussen. Die freie Wahl gehört dir, entscheide selbst. Es können sich neue Wege, neue Tore öffnen und somit neue Möglichkeiten bieten. Laß dich überraschen!

Das zweite Haus: Haus des Stiers – Venus als Morgenstern

Eigene Werte – Besitz – Finanzen

Vorhersage: Zweifelhafte Geldgeschäfte, zwielichtige Investitionen und Geschäfte solltest du außer acht lassen. Sparen fällt dir wahrscheinlich schwer, und oft gibst du spontan viel Geld aus. Du mußt vorsichtiger sein und versuchen, ein bißchen Geld auf die hohe Kante zu legen. Es müssen Entscheidungen getroffen werden, die deine finanzielle

Lage betreffen. Es kann sich um vieles handeln, z.B. um eine Kreditaufnahme oder den Kauf einer Immobilie. Laß dich von niemandem ausnutzen!

Das dritte Haus: Haus der Zwillinge – Merkur als Morgenstern

Information – Kontakt zu anderen – Austausch – Kommunikation

Vorhersage: Kontakte zu anderen sind dir sehr wichtig, du mußt immer in Bewegung sein. Welche Richtung du einschlägst, bleibt dir überlassen. Besonders bei der Wahl von Freunden und Bekannten solltest du vorsichtig sein. Es könnte sich auch um eine Berufs- oder Studienwahl handeln, dafür mußt du dir mehr Zeit nehmen. Ob du eine herausfordernde Karriere anstrebst oder einen neuen Wirkungskreis suchst, dir bleibt die freie Wahl. Entscheide dich für das Richtige!

Das vierte Haus: Haus des Krebses – Mond

Deine Wurzeln – dein Haus – Tradition – Sicherheit

Vorhersage: Es werden sich dir neue Wege und Möglichkeiten bieten, die dir einiges versprechen. Wenn dein Bedürfnis nach einem Tapetenwechsel stark ausgeprägt ist, kannst du umziehen oder die Umgebung wechseln, passende Gelegenheiten werden sich anbieten. Du mußt dich nur entscheiden. Willst du eine eigene Familie gründen oder mit deinem Partner in eine gemeinsame Wohnung einziehen, die Sterne stehen für solche Veränderungen auch gut – du mußt dich nur entscheiden. Es liegt alles an dir, und du hast die Entscheidungsfreiheit!

Das fünfte Haus: Haus des Löwen – Sonne

Ausdruckskraft – Vergnügen – Gestaltung – Entwicklung – Kinder

Vorhersage: Du bist stark auf Vergnügungen ausgerichtet, du möchtest vor allem Spaß im Leben haben und deine Freiheit genießen. Es wird sehr viele Gelegenheiten zum Ausgehen, für Partys und romantische Stunden geben. Eine neue Liebe oder eine Freundschaft kann dich auf neue Wege führen. Ob du dich auf etwas Neues einläßt, liegt bei dir. Du mußt dich nur entscheiden. Eine nächste Karte kann dir die Auswirkung deiner Entscheidung zeigen.

Das sechste Haus: Haus der Jungfrau – Merkur als Abendstern

Bewußte Bedürfnisse – Gesundheit – Arbeit

Vorhersage: In deinem Job, bei deiner beruflichen Laufbahn werden sich neue Wege zeigen und neue Tore öffnen. Alle Angebote und Möglichkeiten müssen gut geprüft und eine Entscheidung muß gefällt werden. Streit und Streß solltest du dabei vermeiden. Autogenes Training und Meditation sind dafür zu empfehlen. Du solltest deine Batterien wieder aufladen. Vielleicht mußt du einen neuen Arzt aufsuchen oder eine neue Therapie ausprobieren.

Das siebte Haus: Haus der Waage – Venus als Abendstern

Wir und sie – Partnerschaft – Mitarbeit – Ehe

Vorhersage: Alle Singles, die auf Partnersuche sind, bekommen die Chance zu einem echten Neuanfang. Lerne die Kunst des Flirtens, genieße die wunderschöne Zeit der flüchtigen Verführung. All diejenigen, die schon seit Jahren mit einem Partner leben, müssen ihre Beziehung überdenken. Wahrscheinlich hat sich Routine eingeschlichen, Langeweile breitet sich aus.

Manchmal brauchen wir eine vertrauenswürdige Ratgeberin, die uns hilft, die richtigen Entscheidungen zu treffen. Jedoch ist es am besten für uns, wenn wir allein entscheiden können. Kämpfe um deine Beziehung, kämpfe um deine Liebe! Sonst mußt du andere Wege gehen.

Das achte Haus: Haus des Skorpions – Pluto

Die Werte anderer – Vererbung – Regeneration – Wiedergeburt – Tod

Vorhersage: Man muß sich loslösen können, und das ist

manchmal nicht leicht. Die Kraft der Gewohnheit ist sehr stark, aber du mußt dich für neue Wege und neue Möglichkeiten entscheiden. Dabei ist hier die Trennung von einem geliebten Menschen oder von einer gewohnten Umgebung gemeint. Vielleicht müssen auch Entscheidungen in Sachen Alimente geregelt werden. Das achte Haus ist auch das Haus »der Verstorbenen«, somit ist es auch möglich, daß gewisse Entscheidungen in Erbschaftsangelegenheiten getroffen werden müssen.

Das neunte Haus: Haus des Schützen – Jupiter

Philosophie – Reisen – Religion – Inspiration

Vorhersage: Dein Drang nach Abenteuer und Unabhängigkeit ist groß, und diesmal weißt du wirklich nicht, wie du dich entscheiden sollst. Du willst deinen Horizont erweitern und ständig neue Ufer erreichen. Freue dich, es werden sich genügend Gelegenheiten dazu bieten. Lasse dich von keinem beeinflussen, triff eigene Entscheidungen.

Das zehnte Haus: Haus des Steinbocks – Saturn

»Die Krone« – Karriere – Machtposition – Anerkennung – Ehre – Berufung

Vorhersage: Suche deinen eigenen Weg, vielleicht bist du an einer Kreuzung angekommen, die du als Wendepunkt in deinem Leben betrachten sollst. Entscheide dich für die neue Richtung. Vielleicht brauchst du eine Umschulung, eine Weiterbildung oder mehr Zeit für dein sehr interessantes Hobby, das dir so wichtig ist. Wozu fühlst du dich berufen? Du wünschst dir Erfolg und strebst nach Anerkennung. Glaube an dich, und laß dir von niemandem etwas einreden, du schaffst es!

Das elfte Haus: Haus des Wassermanns – Uranus

Ambitionen – Pläne – Vereinigung – Freundschaften

Vorhersage: Alte Freunde gehen und kommen wieder, ein echtes Bad der Gefühle erwartet dich. Du wirst neue Freundschaften und Bekanntschaften schließen, vieles wird sich ändern. Schließlich mußt du dich für jemanden entscheiden, was dir aber nicht immer leichtfällt. Neue Pläne werden geschmiedet, es geht um die Wahl des richtigen Weges. Ein komfortables Leben mit vielen guten Freunden und einer guten Karriere entspricht deiner Vorstellung von der Zukunft, und du wirst alles dafür tun. Du mußt dich lediglich entscheiden.

Das zwölfte Haus: Haus der Fische – Neptun

Unbewußte Bedürfnisse – seelische Kraft – Abgeschlossenheit

Vorhersage: Du bist auf der Suche nach dem Absoluten, dem Erhabenen. Damit machst du es dir wirklich nicht leicht. Du willst neue Wege einschlagen und Tore zu neuen Dimensionen öffnen. Ziehe dich zurück, nimm dir Zeit zum Nachdenken. Nur so kannst du eine richtige Entscheidung treffen, die dich in deinem Leben weiterbringt. Laß dich nicht von deinen Emotionen überwältigen, höre auf deine innere Stimme.

Karte Nr. 23 – Die Mäuse – Kreuz-7

Grundbedeutung: Verluste aller Art

Kreuz symbolisiert das Element »Erde« und damit das Reale und das Standhafte. Sehr real sind die Verluste, die uns Mäuse oder andere Nagetiere in der Dunkelheit bescheren.

Kreuz-7 spricht von Verlusten, die sich nicht nur auf der materiellen Ebene vollziehen, sondern auch im emotionalen und energetischen Bereich.

Im Falle der Mäusekarte sind weiter ergänzende Karten sehr hilfreich. Hier sind die Kombinationen mit der Mäusekarte:

Reiter + Mäuse:	diese Nachrichten werden dich enttäuschen
Klee + Mäuse:	Ärger
Schiff + Mäuse:	die Reise kommt nicht zustande

Haus + Mäuse:	Verluste im eigenen Haus
Baum + Mäuse:	du bist nicht ganz gesund
Dunkle Seite der Wolke + Mäuse:	laß dich untersuchen
Schlange + Mäuse:	du bist nicht gesund oder in Sorge
Sarg + Mäuse:	dein Kummer, deine Krankheit findet ein Ende
Blumen + Mäuse:	etwas nagt an dieser Gesellschaft, Enttäuschung
Sense + Mäuse:	große Verluste
Ruten + Mäuse:	es kommt zu keinen Gesprächen
Vögel + Mäuse:	endlich ist Schluß mit der Aufregung
Kind + Mäuse:	das Kind ist nicht gesund, hat ein Problem, übernachtet woanders
Fuchs + Mäuse:	Sorgen, Verluste, Mißverständnisse
Bär + Mäuse:	diese Person ist ungesund, unzufrieden
Sterne + Mäuse:	Enttäuschung, Unzufriedenheit
Störche + Mäuse:	es wird sich nichts ändern
Hund + Mäuse:	ein Freund ist unzufrieden, krank oder verreist
Turm + Mäuse:	du bist mit deinem Leben nicht so ganz zufrieden
Park + Mäuse:	etwas nagt an dieser Gesellschaft, du meidest die Öffentlichkeit
Berg + Mäuse:	deine Probleme finden ein Ende
Wege + Mäuse:	Entscheidungen werden dir abgenommen
Herz + Mäuse:	Liebesenttäuschung
Ring + Mäuse:	Ende einer Beziehung, einer Verbindung
Buch + Mäuse:	das Geheimnis wird gelüftet

Brief + Mäuse:	diese Nachrichten werden dich enttäuschen
Herr + Mäuse:	der Mann ist unzufrieden, nicht gesund, verschwindet
Dame + Mäuse:	die Frau ist unzufrieden, nicht gesund, verschwindet
Lilie + Mäuse:	Liebe ohne jede Sexualität, Familie hat mit Problemen zu kämpfen
Sonne + Mäuse:	du bist nicht gesund
Mond + Mäuse:	Unzufriedenheit, Depression
Schlüssel + Mäuse:	keine Sicherheit, keine Garantie
Fische + Mäuse:	Geldverlust
Anker + Mäuse :	Arbeitsplatzverlust
Kreuz + Mäuse:	totaler Verlust

Das erste Haus: Haus des Widders – Mars

Ego – Dasein – die »Persona«, die Maske, die man trägt – die eigene Persönlichkeit

Du kannst dich nicht richtig entspannen und läufst Gefahr, unter ständigem Streß zu leben, was zu Depressionen führen kann. Etwas nagt an deiner Substanz, versuche herauszufinden, was das ist. Was nagt an deinen Kräften, hat das mit der gegenwärtigen Situation zu tun, oder hängt es mit deiner Vergangenheit zusammen?

Vorhersage: Es drohen Verluste unterschiedlicher Natur, meistens bist du selbst für sie verantwortlich. Schone dich in jeder Hinsicht, und vergeude nicht unnötig deine Energie.

Das zweite Haus: Haus des Stiers – Venus als Morgenstern

Eigene Werte – Besitz – Finanzen

Vorhersage: Laß dich nicht in gewagte finanzielle Abenteuer ein, sei vorsichtig bei allen Geschäftsunternehmungen, zahle pünktlich alle Rechnungen, leihe kein Geld aus. Es drohen finanzielle Verluste. Wirtschafte besser mit dem Geld, dein Besitz oder deine Finanzen sind bedroht. Schließe eine Hausratversicherung ab, oder wechsle wenigstens die Türschlösser aus.

Das dritte Haus: Haus der Zwillinge – Merkur als Morgenstern

Information – Kontakt zu anderen – Austausch – Kommunikation

Vorhersage: Das Motto des dritten Hauses lautet: »Ich denke«, aber ob du jetzt klar denken kannst, ist zweifelhaft. Überlege gut, wie das Denken überhaupt funktioniert. Du kannst dir den Himmel auf Erden erschaffen, aber auch die reine Hölle. Deine Ängste und Zweifel hemmen dich in deiner Entwicklung. Woran liegt das? Überlege gut. Laufe nicht vor Problemen davon, versuche sie zu lösen. Verschwende deine Energien nicht in aufreibenden Diskussionen, du kannst sie woanders kreativer einsetzen.

Das vierte Haus: Haus des Krebses – Mond

Deine Wurzeln – dein Haus – Tradition – Sicherheit

Vorhersage: Was gefällt dir nicht in deiner Umgebung? Bist du mit deiner Wohnung unzufrieden? Im Lichte dieser Karte ist diese Unzufriedenheit sehr groß. Denke auch über die Verhältnisse in deiner Familie nach, es ist nicht so, wie du es dir wünschst. Bemühe dich, das zu ändern. Laß keine fremden Personen in die Wohnung, sei besonders vorsichtig, es drohen Verluste, ein Diebstahl kann nicht ausgeschlossen werden.

Das fünfte Haus: Haus des Löwen – Sonne

Ausdruckskraft – Vergnügen – Gestaltung – Entwicklung – Kinder

Sehr oft stehst du dir selbst im Wege, du gibst dich selten ungezwungen und frei. Was nagt an dir, was hemmt dich und hält dich gefangen? Versuche aus dir herauszugehen und den anderen entgegenzukommen. Zeige dich warmherziger und offener, dann bist du selbst auch glücklicher.

Vorhersage: Mangel an Gelegenheiten zu persönlichen Beziehungen, du kannst enttäuscht werden. Bist du schwanger, dann paß gut auf dich auf. Probleme bei der Erziehung deines Kindes oder Probleme mit seiner Gesundheit.

Das sechste Haus: Haus der Jungfrau – Merkur als Abendstern

Bewußte Bedürfnisse – Gesundheit – Arbeit

Vorhersage: Von heute auf morgen können neue Aufgaben auf dich zukommen, du kannst deinen Arbeitsplatz wechseln. Es ist mehr als wahrscheinlich, daß du in deinem jetzigen Job unzufrieden bist, und du trägst dich mit der Absicht, zu kündigen. Dein Körper ist ein wichtiges Instrument, das dir nützliche Dienste leistet, aber etwas nagt an deinen Kräften. Laß dich untersuchen, ein Check-up wäre angebracht. Vergeude nicht unnötig deine Energie und verzichte auf Streit und aufreibende Diskussionen. Auch Sorgen und Überarbeitung können deine Vitalität schwächen.

Das siebte Haus: Haus der Waage – Venus als Abendstern

Wir und sie – Partnerschaft – Mitarbeit – Ehe

Vorhersage: Im Umgang mit anderen ist Taktgefühl und Diplomatie von sehr großer Bedeutung. Versuche nach diesem »Rezept« zu handeln. Im Lichte dieser Karte können sich Schwierigkeiten in der Ehe oder in der Beziehung ergeben. Gib ein bißchen mehr acht auf dich und deinen Partner, schenke ihm mehr von deiner Zeit, bringe etwas frischen Wind in die Beziehung. In vielen Fällen können diese Ratschläge helfen, aber nicht immer. Im schlimmsten Falle mußt du mit dem Scheitern deiner Beziehung rechnen.

Das achte Haus: Haus des Skorpions – Pluto

Die Werte anderer – Vererbung – Regeneration – Wiedergeburt – Tod

Vorhersage: Verluste in Gewinne zu wandeln gehört zu den Aufgaben dieses Hauses. In diesem Haus wirft man alles weg, lehnt man ab, sät man aus. Alles, was mit Zerstörung und Zerstreuung in Verbindung gebracht wird, hat mit dem achten Haus zu tun. Man kann sich scheiden lassen und sich von geliebten Menschen trennen. Im Falle einer Scheidung können Alimentevereinbarungen ungünstig ausfallen.

Das neunte Haus: Haus des Schützen – Jupiter

Philosophie – Reisen – Religion – Inspiration

Vorhersage: Du mußt deinen Lebensstil ändern und alte Gewohnheiten ablegen, um vielleicht einen ganz anderen, seltsamen oder sehr fremden Stil anzunehmen. Irgendwas läßt dich nicht ruhig schlafen, etwas nagt an dir, du mußt nur herausfinden, was das ist. Zeige etwas Interesse für das Spirituelle, und laß dich von deinem höheren Selbst führen. Weite Reisen können dich inspirieren, aber sei unterwegs sehr vorsichtig, es lauern Gefahren.

Das zehnte Haus: Haus des Steinbocks – Saturn

»Die Krone« – Karriere – Machtposition – Anerkennung – Ehre – Berufung

Vorhersage: Ob dein Wunsch nach Unabhängigkeit sich erfüllt, hängt nur von dir ab. Habe Mut und Selbstvertrauen – davon kann man nicht genug haben. Haben Erfolg und gesellschaftliche Anerkennung für dich einen besonderen Wert? Strebst du nicht in diese Richtung? Beantworte dir diese Fragen. Überwinde deine Ängste und Zweifel, und setze dir klare Ziele. Mit kleinen Schritten kannst du langsam die Erfolgsleiter erklimmen.

Das elfte Haus: Haus des Wassermanns – Uranus

Ambitionen – Pläne – Vereinigung – Freundschaften

Vorhersage: Du kannst von deinen Freunden ausgenutzt, fehlgeleitet und im Stich gelassen werden. Manche halten nicht das, was sie versprechen. Überlege gut, welche Freundschaften dir wichtig sind. Im Lichte dieser Karte sieht es nach einer Trennung aus, vielleicht verabschiedest du dich von jemandem aus deinem Bekanntenkreis. Es ist auch möglich, daß du diejenige bist, die nicht verläßlich ist. Ansonsten – geh aktiver an die Verfolgung eigener Ziele heran.

Das zwölfte Haus: Haus der Fische – Neptun

Unbewußte Bedürfnisse – seelische Kraft – Abgeschlossenheit

Vorhersage: Deine Suche nach dem Außergewöhnlichen, Erhabenen kann dir gelingen, wenn du dich dem Leben öffnest. Laß dich nicht vom Schein täuschen, habe zu dir selbst Vertrauen. Verzichte auf schlechte Gewohnheiten wie übertriebenes Rauchen und Alkohol. Das Haus bezieht sich auch auf deine seelische Gesundheit, und wie du weißt, lebt ein gesunder Geist nur in einem gesunden Körper. Öffne dich auch dem Ungewöhnlichen, erforsche deine Seele, lies esoterische Bücher, sie werden dich stärken.

Karte Nr. 24 - Das Herz – Herz-Bube

Grundbedeutung: Liebe, Freude, Glück, Besuch, Herz, Blut

Das Herz hat venusianische Eigenschaften. Der Planet Venus verrät uns die Natur und Ausdrucksform unserer Gefühle, Emotionen und Motivationen. Er ist bekannt als der Planet der Liebe, er offenbart uns seinen Sinn für Harmonie, seine Empfänglichkeit für die Künste, seinen Sinn für Ästhetik und sein Verlangen nach Glück und Wohlergehen. Venus verrät uns die Fähigkeit, zu lieben und sich lieben zu lassen, die Nächstenliebe, die natürlichen Freuden des Lebens und sie steht für die Macht der Verführung. Die Liebe bewegt uns, verleiht unseren Gefühlen und Beweggründen Ausdruck. Herz steht für das Element »Feuer« und damit für Leidenschaft und Herzensangelegenheiten.

Herz-Bube beschreibt unsere Wünsche und Sehnsüchte, nach deren Erfüllung wir heimlich streben. Die Karte läßt auf eine erfüllende Liebe oder andere Lebensinhalte hoffen, die uns glücklich machen werden.

Das erste Haus: Haus des Widders – Mars

Ego – Dasein – die »Persona«, die Maske, die man trägt – die eigene Persönlichkeit

Du bist eine charmante, sympathische Person, ein Idealist, der ein sehr großes Bedürfnis nach Liebe hat. Du hast eine Vorliebe für schöne Sachen, dein Sinn für Schönheit ist eben sehr ausgeprägt. Bei dir ist alles ausgewogen, und Harmonie ist dir sehr wichtig.

Vorhersage: Sehnst du dich nach einer wahren Liebe, nach dem Mr. Right? Ich hoffe, daß du ihn diesmal nicht übersiehst. Die Liebe wird bei dir großgeschrieben, du verschenkst dein Herz und findest Anerkennung, vielleicht nicht nur in der Liebe. Es ist auch möglich, daß ein aufregender Besuch deine ganze Aufmerksamkeit beansprucht.

Das zweite Haus: Haus des Stiers – Venus als Morgenstern

Eigene Werte – Besitz – Finanzen

Du möchtest von niemandem materiell abhängig sein und hast ein ausgeprägtes Bedürfnis nach Komfort. Du interessierst dich für Menschen, die gutsituiert sind und höhere Posten innehaben. Geld ist für dich sehr wichtig.

Vorhersage: Mit deinem Kontostand kannst du ganz zufrieden sein, diese Stellung der Karten schließt finanzielle

Probleme aus. Andererseits besteht auch eine Gefahr: Deine Gier nach Vergnügen kann dich dazu bringen, daß du über deine Verhältnisse lebst. Sei bitte vernünftig.

Das dritte Haus: Haus der Zwillinge – Merkur als Morgenstern

Information – Kontakt zu anderen – Austausch – Kommunikation

Im Umgang mit anderen bist du charmant und kompromißbereit, du kannst dich sehr gut verkaufen. Mit deinen Angehörigen (Geschwistern und Nachbarn) pflegst du gute Kontakte. Du willst eben in deinem sozialen Umfeld gute Beziehungen herstellen.

Vorhersage: Ein ständiges Kommen und Gehen wird die nächste Zeit bestimmen. Du bist privat und geschäftlich, mehr denn je gefragt. Kurze Reisen zum eigenen Vergnügen oder wegen einer gesellschaftlichen Verpflichtung sind sehr wahrscheinlich.

Das vierte Haus: Haus des Krebses – Mond

Deine Wurzeln – dein Haus – Tradition – Sicherheit

Du hast eine starke Abneigung gegen Spannung, Streit, Unruhe und Disharmonie. Du bist eine talentierte Gastgeberin, liebst dein Zuhause und die familiäre Stimmung.

Deine Wohnung ist meistens sehr geschmackvoll und künstlerisch eingerichtet. Mit viel Spaß verschönerst du jede Ecke. Du hast auch eine enge Bindung zu deiner eignen Familie und willst der Mittelpunkt sein.

Vorhersage: Ein wichtiger Besuch bei der Familie steht an, und du hast viel Freude im Familienkreis. Du hast Kontakt zu der Verwandtschaft, vielleicht ist es ein Familientreffen nach sehr langer Zeit.

Das fünfte Haus: Haus des Löwen – Sonne

Ausdruckskraft – Vergnügen – Gestaltung – Entwicklung – Kinder

Vorhersage: Sexualität als Selbstausdruck ist auch dem fünften Haus zugeordnet. Die Herzkarte im Hause der Liebe und der Vergnügungen befindet sich in einer privilegierten Situation. Du räumst deinen Gefühlen einen vorrangigen Platz ein. Aus diesem Grund ist es auch möglich, daß es das Schicksal mit dir besonders gut meint. Vielleicht findest du die Liebe deines Lebens, laß dich positiv überraschen. Du bist eine gute Mutter und verstehst dich sehr gut mit Kindern. Du kannst von ihnen viel Liebe erwarten.

Das sechste Haus: Haus der Jungfrau – Merkur als Abendstern

Bewußte Bedürfnisse – Gesundheit – Arbeit

Vorhersage: Es ist am besten, wenn du dir eine Arbeit suchst, die deinen Talenten entspricht. Du möchtest unter angenehmen und bequemen Bedingungen arbeiten, Anerkennung ist dir sehr wichtig. Wenn diese Bedürfnisse erfüllt sind, gehst du motiviert zur Arbeit und bist glücklich. Es ist auch möglich, daß du in deiner beruflichen Umgebung einen Partner findest und mit ihm die Liebe. Laß dich überraschen. Achte auf gute, ausgewogene Ernährung, vermeide Streßsituationen, bewege dich ein bißchen, damit dir dein Kreislauf keine Probleme bereitet.

Das siebte Haus: Haus der Waage – Venus als Abendstern

Wir und sie – Partnerschaft – Mitarbeit – Ehe

Vorhersage: Du bist sehr geschickt im Umgang mit anderen und genießt harmonische Beziehungen, sei es privat oder geschäftlich. Du kannst dich gut benehmen und weißt im richtigen Augenblick immer das Richtige zu sagen – das ist beneidenswert. Wenn du in keiner festen Beziehung lebst, kannst du jetzt den Partner fürs Leben finden. Die Chancen stehen wirklich gut. In einer Ehe findest du Glück und Erfüllung. Deine warmherzige Art kann andere bezaubern. Viel Spaß beim Flirten! Es ist eine sehr günstige Zeit zum Heiraten.

Das achte Haus: Haus des Skorpions – Pluto

Die Werte anderer – Vererbung – Regeneration – Wiedergeburt – Tod

Vorhersage: Du kannst zu Geld kommen, sehr oft durch Heirat oder andere gesellschaftliche Beziehungen, Erbschaften etc. Es könnte sein, daß der Reichtum deines Partners dich zum Heiraten motiviert, aber wenn die Gefühle keine Rolle spielen, wirst du nicht richtig glücklich. Im allgemeinen ist die Stellung der Herzkarte in diesem Haus nicht günstig, die Beziehung wird auf die Probe gestellt – sehr oft kommt es zu Trennungen.

Das neunte Haus: Haus des Schützen – Jupiter

Philosophie – Reisen – Religion – Inspiration

Vorhersage: Deine Begeisterung für Religion, Philosophie und weite Reisen kann eine Quelle der Inspiration und der Ruhe werden. Du willst deinen Horizont erweitern und zeigst besonderes Interesse an Ausländern, Menschen aus anderen Kulturen und mit anderen Religionen. Es ist auch möglich, daß du im Ausland einen Partner findest. Viel Spaß beim Verreisen.

Das zehnte Haus: Haus des Steinbocks – Saturn

»Die Krone« – Karriere – Machtposition – Anerkennung – Ehre – Berufung

Vorhersage: Du kannst deine Unabhängigkeit erlangen, wenn du die Umstände richtig einschätzt. Ein Job im künstlerischen Bereich oder ein sehr interessantes Hobby können dich früher oder später glücklich und unabhängig machen. Du kommst vorwärts, solange deine eigene Arbeit eine Herausforderung darstellt. Dir können auch Kontakte zu einflußreichen Menschen helfen. Sehr oft erweckst du in den Augen anderer Interesse und findest Gunst und Unterstützung.

Das elfte Haus: Haus des Wassermanns – Uranus

Ambitionen – Pläne – Vereinigung – Freundschaften

Vorhersage: Du pflegst Freundschaften, magst regen Gedankenaustausch und bist der Liebling vieler. Selbst wenn du in einer Beziehung lebst, ohne Freunde geht bei dir gar nichts. Bist du noch oder schon wieder Single, dann ist es auch möglich, daß sich aus einer Freundschaft Liebe entwickelt. Vielleicht scheint dir das jetzt unmöglich, lache lieber nicht darüber. Deine zahlreichen und vielfältigen Pläne kannst du nur dann verwirklichen, wenn du auf einige Partys verzichtest. Lerne, dich gut zu organisieren.

Das zwölfte Haus: Haus der Fische – Neptun

Unbewußte Bedürfnisse – seelische Kraft – Abgeschlossenheit

Vorhersage: Du bist die Güte in Person, herzlich, neigst aber dazu, dich zu sehr anzupassen und aufzuopfern. Laß dich nicht von deinen Emotionen leiten. Du unterschätzt sehr oft dein eigenes Können und machst dir zu viele Sorgen, lerne, positives Denken zu entwickeln. Arbeite an deiner Selbstentfaltung, ziehe dich ein bißchen zurück, mache aus deinem Haus eine Oase der Ruhe. Deine vielen Interessengebiete machen dein Leben spannend.

Karte Nr. 25 – Der Ring – Kreuz-As

Grundbedeutung: Verbindung (die nächste Karte beschreibt haargenau die Art der Verbindung), Beziehung, Ehe, Verpflichtung, Kreis, Ring

Die Ringkarte besitzt saturnische Eigenschaften. Saturn offenbart die Kraft des Reifeprozesses einer Person, die Art, wie die Zeit in ihr und für sie arbeitet. Saturns Eigenschaften festigen und konzentrieren, machen uns stabil, entschlossen, geduldig und ausdauernd. Saturn ist der Planet des Reifens und der Reife, der Vernunft, der Klarheit und des logischen Denkens.

Der Ring steht für feste Verbundenheit, die Art der Verbindung verrät uns die nächste Karte. Ein Ring symbolisiert auch Endlosigkeit und Ganzheit, seine Kreisform ist ein Zeichen von Vollendung, Stärke, Schutz und Beständigkeit. Kreuz symbolisiert das Element »Erde« und damit das Reale und Standhafte.

Das Kreuz-As steht für die Aufgaben, die zu erfüllen

sind, an denen wir wachsen und reifen. Der Saturn hilft uns dabei.

Das erste Haus: Haus des Widders – Mars

Ego – Dasein – die »Persona«, die Maske, die man trägt – die eigene Persönlichkeit

Vorhersage: Du bist eine vertrauenswürdige und zuverlässige Person, die mit großer Freude und Ausdauer an eigene Aufgaben herangeht und sie auch erfüllt. Das Wichtigste hat dir jedoch gefehlt, und zwar ist das eine Beziehung in der du aufgehen kannst. Ab jetzt wird sich bei dir alles ändern, die Beziehung wird eine Hauptrolle in deinem Leben spielen. Es könnte auch ein Vertrag gemeint sein, z.B. ein Arbeitsvertrag – um genau zu erfahren, worum es geht, ziehe eine weitere Karte.

Das zweite Haus: Haus des Stiers – Venus als Morgenstern

Eigene Werte – Besitz – Finanzen

Vorhersage: Du kannst deine Chancen und Möglichkeiten sehr gut einschätzen und nach besten Kräften nutzen. Du wünschst dir ein Maximum an Sicherheit und fühlst dich dazu verpflichtet, das auch zu erreichen. Du liebst es, wenn das Geld fließt. Du hast eine gute Nase für lukrative Geschäfte entwickelt, es riecht nach einem lohnenden Vertrag.

Das dritte Haus: Haus der Zwillinge – Merkur als Morgenstern

Information – Kontakt zu anderen – Austausch – Kommunikation

Vorhersage: Je mehr Arbeit du in deine berufliche Ausbildung investierst, desto mehr Prestige und Erfolg kannst du erreichen. Deine Konzentrationsfähigkeit, Ernsthaftigkeit, Klarsicht und Logik erlauben dir sogar, ganz komplizierte Studien zu führen. Du fühlst dich deinen Eltern, aber auch dir selbst, verpflichtet gute Leistung zu zeigen, schließlich bist du ehrgeizig genug. Im Umgang mit anderen nutze deine diplomatische Begabung, es werden viele gesellschaftliche Kontakte gepflegt. Du hast ein gutes Verhältnis zu Geschwistern und Nachbarn.

Das vierte Haus: Haus des Krebses – Mond

Deine Wurzeln – dein Haus – Tradition – Sicherheit

Tradition wird in deiner Familie großgeschrieben, du fühlst dich deiner Familie sehr verbunden. Manchmal mußt du sehr viel Verantwortung in der Familie übernehmen, oder du hast sie in deiner Kindheit übernommen. Du fühlst dich verpflichtet, für deine Familie zu sorgen, deine Familie braucht dich.

Vorhersage: Es ist möglich, daß du einen Mietvertrag unterschreibst und die Wohnung wechselst.

Das fünfte Haus: Haus des Löwen – Sonne

Ausdruckskraft – Vergnügen – Gestaltung – Entwicklung – Kinder

Vorhersage: In deiner schöpferischen Darstellung bist du offen, geschäftstüchtig und talentiert. Im Hause der Liebe und der Vergnügungen zeigt die Ringkarte, daß du sehr zuverlässig, treu, ausdauernd und beständig bist. Es gibt eine sehr große Chance jemanden kennenzuernen, die Beziehung kann dein Leben grundsätzlich verändern. Wer möchte nicht frisch verliebt sein? Vergiß nicht deine Verpflichtungen gegenüber den eigenen Kindern.

Das sechste Haus: Haus der Jungfrau – Merkur als Abendstern

Bewußte Bedürfnisse – Gesundheit – Arbeit

Du bist der sogenannte »Workaholic«-Typ, gut organisiert, sehr diszipliniert, ernsthaft, fleißig und überläßt nichts dem Zufall. Du kannst verschiedene Aufgaben bewältigen – delikate und schwierige. Mit der Zeit kann die Arbeit zum Erfolg führen.

Vorhersage: Ein Arbeitsvertrag wartet auf dich. Bemühst du dich um einen neuen Job, dann auf zu neuen Ufern! Überlege nicht zu lange, sonst ist es zu spät. Gönne dir Verschnaufpausen, ernähre dich gesund! Grundsätzlich bist du gesund, wären da nicht die kleinen Wehwehchen ...

Das siebte Haus: Haus der Waage – Venus als Abendstern

Wir und sie – Partnerschaft – Mitarbeit – Ehe

Vorhersage: Ausgerechnet die Ringkarte befindet sich im Hause der Partnerschaften, das ist wirklich kein Zufall. Bist du solo, wirst du demnächst eine Beziehung eingehen. Die Zeit des Wartens ist schon vorbei. Bist du vergeben, dann lege neben den Ring noch eine andere Karte, so kannst du erfahren, was dich demnächst erwartet. Auch durch Partnerschaft kannst du gesellschaftliches Prestige erwerben. Vielleicht heiratest du jemanden aus einer höheren gesellschaftlichen Schicht. In allen wichtigen Beziehungen und öffentlichen Angelegenheiten stellst du einen starken Sinn für Verantwortung und Gerechtigkeit unter Beweis.

Das achte Haus: Haus des Skorpions – Pluto

Die Werte anderer – Vererbung – Regeneration – Wiedergeburt – Tod

Vorhersage: Du kannst durch geschickte Transaktionen mit dir anvertrauten Mitteln viel Geld verdienen. Die Ringkarte hilft auch bei verschiedenen finanziellen Angelegenheiten, wie z.B. Versicherungen und Erbschaften. Du bist sehr oft für fremdes oder eigenes Eigentum verantwortlich. Im Umgang mit materiellen Werten mußt du einen Sinn für Gerechtigkeit entwickeln.

Das neunte Haus: Haus des Schützen – Jupiter

Philosophie – Reisen – Religion – Inspiration

Vorhersage: Du hast das Bedürfnis, deinen intellektuellen und geographischen Horizont zu erweitern. Am liebsten würdest du rund um den Erdball reisen – eine Weltreise wäre für dich genau das richtige. Du willst alles wissen, und Reisen bildet bekanntlich. Es ist auch möglich, daß du im Ausland eine Beziehung eingehst oder dort einen Urlaubsjob annimmst. Wenn du es genauer wissen möchtest, lege neben den Ring noch eine andere Karte. So kannst du mehr über die Verbindung erfahren. Du kannst dich auch philosophischen Studien widmen, bist fähig, in komplexen Zusammenhängen zu denken, und besitzt intellektuellen Ehrgeiz.

Das zehnte Haus: Haus des Steinbocks – Saturn

»Die Krone« – Karriere – Machtposition – Anerkennung – Ehre – Berufung

Vorhersage: Du bist fest entschlossen, deine soziale und berufliche Unabhängigkeit zu erlangen, verlasse dich nur auf dich und auf deine strebsame Art, ein Ziel zu verfolgen. Du kannst aus eigener Kraft sehr viel erreichen. Vielleicht hast du ein sehr interessantes Hobby, das dich erfüllt – du kannst daraus einen Beruf machen. Deine innere Stimme kann dir noch mehr zuflüstern – geh ernsthaft an die Planung der eigenen Karriere heran. Du bist sehr diszipliniert und willst über deine Umstände hinauswachsen.

Das elfte Haus: Haus des Wassermanns – Uranus

Ambitionen – Pläne – Vereinigung – Freundschaften

Vorhersage: Freundschaften müssen gepflegt werden, und du wirst dich bemühen, sie aufrechtzuerhalten. Von ihnen kannst du sehr viel lernen, aber du hast auch etwas zu bieten. »Geben und Nehmen« ist bei dir ausgewogen und gut ausbalanciert. Zeige dich offen, tolerant und nicht zu kritisch. Ob eine neue Freundschaft dazukommt oder eine alte zu Bruch geht, sagt dir eine zusätzlich gezogene und neben den Ring gelegte Karte. Du schmiedest immer wieder neue Pläne und versuchst mit einem Maximum an Sicherheit, sie umzusetzen.

Das zwölfte Haus: Haus der Fische – Neptun

Unbewußte Bedürfnisse – seelische Kraft – Abgeschlossenheit

Vorhersage: Du erwartest sehr oft, mit Prüfungen oder Schwierigkeiten konfrontiert zu werden, und glaubst, daß sie zum Leben gehören. Du hoffst auf das Beste, und auf das Schlimmste bist du vorbereitet. Diese Einstellung ist nicht ganz ohne. Der Ring ist ein Ausdruck fester Gebundenheit, eine zusätzlich gezogene Karte kann dir mehr verraten. Manchmal muß man sich auch lösen können. Vielleicht verbringst du zu viel Zeit in der Einsamkeit, arbeitest du in der Abgeschiedenheit, finde heraus, was für dich das Beste ist.

Karte Nr. 26 – Das Buch – Karo-10

Grundbedeutung: Wissen, Geheimnis, etwas Verschlossenes und Verborgenes, Bücher zum Lernen und Schreiben, Finanzbücher

Karo versinnbildlicht das Element »Luft« und damit den Geist und die Ebene der Gedanken. Die Buchkarte wird dem Element »Luft« zugeordnet und besitzt seine Eigenschaften. Den Luftzeichen ist gemein, daß sie geistig sehr rege sind, über ein bewundernswertes Abstraktionsvermögen verfügen und daß ihr Handeln stark von ihrem Verstand beeinflußt wird. Diese Menschen sind sehr intelligent, sie denken in bestimmten Systemen und verstehen Zusammenhänge, die andere nicht durchschauen können – sie sind intellektuell und geistig veranlagt.

Das Buch enthält besonderes Wissen, es ist in der Gedankenwelt entstanden und hat etwas sehr Wichtiges zu vermitteln.

Karo-10 offenbart Lebensziele, unsere Wünsche, Träume und Hoffnungen. Wenn wir uns damit beschäftigen, können wir uns selbst besser kennenlernen und erfahren mehr über unser inneres Wesen.

Das erste Haus: Haus des Widders – Mars

Ego – Dasein – die »Persona«, die Maske, die man trägt – die eigene Persönlichkeit

Du besitzt eine subtile, feinsinnige Intelligenz und einen perfektionistischen Verstand. Du bist kreativ und intuitiv. Sehr oft zeigst du dich ein bißchen geheimnisvoll und verhüllt. Man kann dir alles anvertrauen, sogar das größte Geheimnis behältst du für dich, und stets stehst du zu deinem Wort. Man kann auf dich zählen, so ehrlich und solide bist du. Du liest gerne alles, was dir in die Hände kommt, egal ob Zeitungen, Zeitschriften oder Bücher, du möchtest gut informiert sein.

Vorhersage: Wenn du dich mit dem Schreiben befaßt oder studierst, steht das Buch für deine eigenen Bücher. Entweder arbeitest du an einem Buch, oder du mußt viel lernen. Dir wird ein Geheimnis enthüllt. Die nächste gezogene Karte verrät mehr.

Das zweite Haus: Haus des Stiers – Venus als Morgenstern

Eigene Werte – Besitz – Finanzen

Pläne und Ideen sind dir sehr oft wichtiger als finanzieller Lohn. Vergeude weder Zeit noch Energie, investiere sie in die Ausbildung oder deine berufliche Zukunft. Deine Bemühungen werden früher oder später anerkannt. Du beherrschst die Kunst, dich den Umständen anzupassen, von denen du einen Gewinn erzielen willst. Du möchtest im Komfort leben, und die Sterne meinen es gut mit dir.

Vorhersage: Du kannst mit allem rechnen. Entweder ein unerwarteter Gewinn oder finanzielle Verluste, überprüfe deine Rechnungen.

Das dritte Haus: Haus der Zwillinge – Merkur als Morgenstern

Information – Kontakt zu anderen – Austausch – Kommunikation

Vorhersage: Eine Buchkarte im Hause des Merkur ist kein Zufall. Dein Denken wird von Geschäftsdingen beeinflußt. Zeige deine Geschäftstüchtigkeit auf jedem Gebiet, das mit Kommunikationsmedien zu tun hat, z.B. Schreiben, Drukken, Verlegen, TV, Telefondienst, Unterricht. Du hast die Gabe, dein Wissen anzuwenden, nur manchmal neigst du dazu, deine Ideen zu unterschätzen. Austausch und Kommunikation werden demnächst sehr wichtig. Wichtige Zeit für Lernende und Studierende.

Das vierte Haus: Haus des Krebses – Mond

Deine Wurzeln – dein Haus – Tradition – Sicherheit

Du ahmst das Verhalten deiner Eltern nach und vertrittst sehr oft ihre Ansichten. Du hast sogar einige Rituale von deinem Elternhaus übernommen, z.B. am Frühstückstisch die Zeitung zu lesen, eine Hausbibliothek zu haben und zu schmökern. Deine familiären Wurzeln sind eben sehr stark, und du bleibst ein Leben lang mit deiner Familie verbunden.

Vorhersage: Dir wird etwas Wichtiges enthüllt, warte ab, oder ziehe noch eine andere Karte dazu.

Das fünfte Haus: Haus des Löwen – Sonne

Ausdruckskraft – Vergnügen – Gestaltung – Entwicklung – Kinder

Vorhersage: Du kannst sehr gut mit Worten umgehen, nutze deine Talente beim Schreiben als Schriftstellerin, Journalistin, als Werbekauffrau, Lehrerin, Bibliothekarin etc. Es gibt wirklich sehr viele Gebiete, in denen du dich schöpferisch ausdrücken kannst. Den einfachen Freuden des Lebens bist du nicht abgeneigt, lebe im Augenblick, nutze die Gunst der Stunde, das Leben ist so kurz und so schön. Lege neben die Buchkarte noch eine andere, sie enthüllt mehr von dem, was dich noch erwartet. In bezug auf Familienzuwachs kann die Buchkarte auch für ein süßes Geheimnis stehen.

Das sechste Haus: Haus der Jungfrau – Merkur als Abendstern

Bewußte Bedürfnisse – Gesundheit – Arbeit

Vorhersage: Die Arbeit sollte dich motivieren, suche dir einen abwechslungsreichen Job. Du kannst sehr hart an der eigenen Entwicklung arbeiten und in der Arbeit, die du magst, ganz aufgehen. Hast du einen interessanten Arbeitsplatz, konzentriere dich auf ihn, du bleibst sehr lange dort. Bist du in deinem Job unsicher, lege noch eine Karte dazu, sie zeigt dir die richtige Richtung. Lerne, dich zu entspannen, versuche dich sportlich zu betätigen. Dein äußerst empfindliches Nervensystem braucht ein gesundes und geregeltes Leben.

Das siebte Haus: Haus der Waage – Venus als Abendstern

Wir und sie – Partnerschaft – Mitarbeit – Ehe

Vorhersage: Du hast ein sehr großes Bedürfnis nach gesellschaftlichen Kontakten, durch Partnerschaften drückst du dich aus. Für andere hast du immer Zeit und ein offenes Ohr, zeigst Verständnis und Geduld, wie ein Engel. Hast du die Absicht, zu heiraten, überlege deine Entscheidung gut, heirate nicht zu jung. Bist du unsicher, lege in diesem Haus noch eine andere Karte. Sie gibt Informationen über weitere Ereignisse in deiner Beziehung.

Bist du auf der Partnersuche, sei geduldig, und laß dich überraschen.

Das achte Haus: Haus des Skorpions – Pluto

Die Werte anderer – Vererbung – Regeneration – Wiedergeburt – Tod

Vorhersage: Dein Geist ist ruhelos, das Geheimnisvolle interessiert ihn. Du bist interessiert an Fragen über Leben und Tod, Sexualität, Okkultismus etc. Diese und andere Fragen motivieren dich zu Forschung und Erforschung, du willst deine Neugierde befriedigen und alle Geheimnisse enträtseln, du liebst eben das Rätselhafte. Alle Lebenskrisen kannst du mit Hilfe des Verstands überwinden. Du kannst in Besitz von geheimen Informationen und Dokumenten kommen, sehr oft geschieht dies durch eine Erbschaft.

Das neunte Haus: Haus des Schützen – Jupiter

Philosophie – Reisen – Religion – Inspiration

Dein Interesse gilt vielen Bereichen, vor allem aber den tiefgründigen Dingen des Lebens und den Reisen. Du möchtest über fremde Länder und Kulturen genau Bescheid wissen und etwas darüber lernen. Du bist besonders anpassungsfähig, verständnisvoll und tolerant.

Vorhersage: Ob du dir die Reise(n) leisten kannst, kann das zweite Haus (Finanzen) beantworten, aber auch eine zusätzlich gelegte Karte.

Das zehnte Haus: Haus des Steinbocks – Saturn

»Die Krone« – Karriere – Machtposition – Anerkennung – Ehre – Berufung

Vorhersage: Dank hervorragender Eigenschaften deiner Intelligenz und deiner Vielseitigkeit kannst du berufliche und damit finanzielle Unabhängigkeit erlangen. Die Buchkarte kann hier auch für alle anderen Bücher stehen wie: Schulbücher, Bücher zum Studieren, Bücher zum Schreiben, Finanzbücher prüfen (wenn du ein Buchhalter bist) etc. Das Buch ist das Symbol des Wissens, und Wissen kann zu Macht werden – die Buchkarte hält dir das vor Augen. Schleife an deinem Projekt, deiner Aufgabe wie an einem rohen Diamanten. Es lohnt sich!

Das elfte Haus: Haus des Wassermanns – Uranus

Ambitionen – Pläne – Vereinigung – Freundschaften

Vorhersage: Dank deiner Anpassungsfähigkeit hast du einen großen Bekannten- und Freundeskreis. Jedoch zeigst du dich sehr oft geheimnisvoll, verhüllt und neigst zur Geheimniskrämerei. Dein Geist ist unabhängig und originell und der wichtigste Faktor beim Finden des Lebenssinns. Du hast aufrichtiges Interesse an anderen Menschen, und mit ihnen kannst du an verschiedenen Aktivitäten teilnehmen, die dein Leben bereichern.

Warnung: Halte dich fern von allen möglichen Sekten!

Das zwölfte Haus: Haus der Fische – Neptun

Unbewußte Bedürfnisse – seelische Kraft – Abgeschlossenheit

Vorhersage: Du hast einen tiefen, inspirierten Geist, der aber auch verschlossen, diskret oder introvertiert ist. Bemühe dich um eine geistige positive Einstellung. Deine Stimmungsschwankungen bekämpfe mit allem möglichen, deine Phantasie kann dir dabei helfen. Du hast ein starkes kommunikatives Talent im Bereich der Tiefenpsychologie oder Mystik. Das Unbewußte will von dir erforscht werden. Beschäftige dich vor dem Schlafengehen mit esoterischer Lektüre.

Karte 27 – Der Brief – Pik-7

Grundbedeutung: Kontakte, Kommunikation, Briefe, Nachrichten (Post, SMS, E-Mail), telefonische oder persönliche Gespräche, Vermittlung, Vorübergehendes, Jetzt, Dauer 1 bis 4 Wochen

Die Briefkarte besitzt merkurische Eigenschaften, die sich auf alle Arten von Kommunikation beziehen. Hermes/ Merkur war der Vermittler zwischen den Göttern und den Menschen. Er stellte eine Verbindung her, eine Kommunikationsbasis, Kontakte, einen Austausch zwischen beiden. Merkur verrät uns, wie die Intelligenz des Menschen, der Ausdruck seiner geistigen Fähigkeiten, funktioniert.

Pik-7 bringt Neuigkeiten, die nicht unbedingt per Post kommen müssen, es könnten genausogut Gespräche oder Mitteilungen von nahestehenden Personen sein. Ausschließlich die Nachbarkarten können uns nähere Informationen geben.

Das erste Haus: Haus des Widders – Mars

Ego – Dasein – die »Persona«, die Maske, die man trägt – die eigene Persönlichkeit

Du bist in deinem Denken und dem, was du zum Ausdruck bringst, Impulsgeber und ein Vermittler. Geistig bist du sehr schnell und impulsiv, über alles gut informiert, jedoch sehr oft ein bißchen oberflächlich. Du machst den ersten Schritt, setzt Dinge in Gang und ergreifst Initiative.

Vorhersage: Rege Kontakte mit der Außenwelt, vielleicht auch wichtige Angebote, auf die du schon seit langem wartest, oder andere Nachrichten – was sie enthalten, kann die zusätzlich gezogene Karte verraten.

Das zweite Haus: Haus des Stiers – Venus als Morgenstern

Eigene Werte – Besitz – Finanzen

Vorhersage: Dein Denken ist von Geschäfts- und Gelddingen beeinflußt. In Geldangelegenheiten bist du manchmal leichtsinnig. Du kannst die Initiative ergreifen, wenn es ums Geldverdienen geht, aber du kannst nicht entsprechend wirtschaften. Wie auch immer dein Kontostand aussieht, du kannst mit Geldzufluß rechnen. Das kann eine ersehnte Lebensversicherungsauszahlung sein oder kleinere Beträge aus einer anderen Quelle.

Das dritte Haus: Haus der Zwillinge – Merkur als Morgenstern

Information – Kontakt zu anderen – Austausch – Kommunikation

Du kannst phantastisch deinen Alltag meistern, du bist Hansdampf in allen Gassen, sehr aktiv und vielseitig. Du suchst Abwechslung und Spiel. Teamarbeit macht dir viel Spaß, denn dort werden deine Ideen verwirklicht und in die Tat umgesetzt.

Vorhersage: Die Briefkarte bringt dir neue und interessante Kontakte, die für deine Zukunft von großer Bedeutung sind. Du pflegst enge Kontakte zu den Nachbarn oder Geschwistern.

Das vierte Haus: Haus des Krebses – Mond

Deine Wurzeln – dein Haus – Tradition – Sicherheit

Die Familientradition ist dir sehr wichtig, du bist sogar geneigt, Nachforschungen hinsichtlich deines Familienstammbaums und der Familiengeschichte zu betreiben. Entweder schaffst du es, ein schönes Wohnambiente zu haben, oder du führst ein eher nomadenhaftes Leben.

Vorhersage: Rege Kontakte mit deiner Familie. Manchmal bist du gezwungen, einen Briefwechsel zu führen, du willst schließlich den Kontakt zu deinen Wurzeln nicht verlieren.

Das fünfte Haus: Haus des Löwen – Sonne

Ausdruckskraft – Vergnügen – Gestaltung – Entwicklung – Kinder

Vorhersage: Du erhältst sehr erfreuliche Neuigkeiten, kleine Aufmerksamkeiten, Komplimente und das wunderbare Gefühl, leicht und lebendig zu sein. Genieße deine Freiheit, glaube an die Kraft der Liebe, übersieh die kleinen Glücksboten nicht. Um Liebesbriefe zu bekommen, muß man auch welche schreiben. Keiner kann das besser als du, schließlich kannst du mit Worten besonders gut umgehen, und die Liebe beflügelt die Phantasie. Die Beziehung zu den eigenen Kindern bringt große Erfüllung.

Das sechste Haus: Haus der Jungfrau – Merkur als Abendstern

Bewußte Bedürfnisse – Gesundheit – Arbeit

Vorhersage: Deiner Arbeitslosigkeit wird endlich ein Ende gesetzt, es kommen genug vernünftige Angebote ins Haus. Bewirb dich fleißig weiter. Hast du einen festen Job, ist für genug Aufregung im positiven Sinne gesorgt, du kannst mit einer Anerkennung rechen. Endlich werden deine Flexibilität und Vielseitigkeit bemerkt. Lebe nach dem Motto: »Sorge dich nicht, lebe.« Manchmal machst du dir zu viele Sorgen, lerne, dich zu entspannen.

Das siebte Haus: Haus der Waage – Venus als Abendstern

Wir und sie – Partnerschaft – Mitarbeit – Ehe

Vorhersage: Beziehungen zu Familie und Freunden basieren auf gegenseitiger Achtung, geistiger Verwandtschaft oder gemeinsamen Interessen. Die Briefkarte kann für einen echten Liebesbrief stehen, aber auch für lebendige, persönliche Kontakte – und für die wird reichlich gesorgt. Dein Bedürfnis nach Veränderung kann gestillt werden. Der Brief im Haus der Partnerschaften kann auch eine kommende Liebeserklärung bedeuten. Laß dich angenehm überraschen!

Das achte Haus: Haus des Skorpions – Pluto

Die Werte anderer – Vererbung – Regeneration – Wiedergeburt – Tod

Vorhersage: Du hast die Hoffnung auf gute Neuigkeiten, aber auch Angst, etwas Schlechtes zu hören. In diesem Haus muß man mit allem rechnen. Deswegen ziehe noch eine zusätzliche Karte, um mehr Einblick zu bekommen. Deine Vermögenslage kann sich manchmal unerwartet ändern. Manche Nachrichten können die Trennung von einem geliebten Menschen bedeuten. Eine Erbschaft ist leider meistens mit dem Tod verbunden.

Das neunte Haus: Haus des Schützen – Jupiter

Philosophie – Reisen – Religion – Inspiration

Vorhersage: Du strebst nach höheren Zielen, das geschieht durch deine Vielseitigkeit: Interesse am Spirituellen, manchmal an Philosophie, an Religion (kommt in der zweiten Lebenshälfte). Dich packt sehr oft das Reisefieber, weil du neue Anregungen und Abenteuer brauchst. Deine Nachrichten enthalten Reiseangebote und Einladungen.

Das zehnte Haus: Haus des Steinbocks – Saturn

»Die Krone« – Karriere – Machtposition – Anerkennung – Ehre – Berufung

Wenn du etwas Besonderes leisten willst, brauchst du einen starken Willen und Ehrgeiz. Das muß nicht unbedingt auf dem beruflichen Gebiet geschehen, es könnte sich auch um ein interessantes Hobby handeln. Vielleicht arbeitest du schon mit Spaß an einem Projekt, das dich ganz erfüllt.

Vorhersage: Die kommende Zeit wird reich an Angeboten sein (Kurse, Seminare, Schulungen etc.), vielleicht findest du etwas Passendes für dich. Ansonsten: Schriftliche Zusagen und rege Kontakte mit Verlegern oder anderen Institutionen, die mit deinem Projekt zu tun haben.

Das elfte Haus: Haus des Wassermanns – Uranus

Ambitionen – Pläne – Vereinigung – Freundschaften

Vorhersage: Du bist eine gesellige Person, die immer Menschen um sich haben muß. Weltoffen wie du bist, pflegst du interessante Freundschaften, die für dich seelisch und geistig anregend sind. Von ihnen kannst du sehr viel lernen, aber du selbst hast auch etwas zu bieten. Gut, wenn sich Geben und Nehmen das Gleichgewicht halten. Die Briefkarte bringt angenehme Neuigkeiten, die dich demnächst beschäftigen werden.

Das zwölfte Haus: Haus der Fische – Neptun

Unbewußte Bedürfnisse – seelische Kraft – Abgeschlossenheit

Vorhersage: Du bist auf dem Weg, deine innere Wahrheit zu finden, und die liegt nicht weit von dir entfernt. Die Briefkarte steht für die Fülle an Informationen, die du über dich selbst erfahren kannst. Laß dich von deiner Phantasie mitreißen, forsche in deinem eigenen Unbewußten nach. Ziehe dich ein bißchen zurück, und meditiere über deine eigene Person.

Karte 28 – Der Herr – Herz-As

Grundbedeutung: ein Mann, der Fragesteller, Ehemann, Liebhaber, Lebenspartner

Der Mann verkörpert die Eigenschaften der Feuerzeichen, die von Leidenschaft beherrscht sind, sie sind maßlos und neigen oft zu Übertreibungen. Sie glauben an sich selbst, und dieser Glaube motiviert sie in ihrem Handeln. Sie begeistern sich schnell, sind schöpferisch und männlich.

Herz steht für das Element »Feuer« und damit für Leidenschaft und Herzensangelegenheiten.

Herz-As ist der höchste Trumpf und wird stets mit Glück assoziiert. Es ist der Erfolg selbst, die Freude am Leben, die Zufriedenheit und Vollkommenheit. Mit dieser Karte drücken sich Liebe und Leidenschaft aus.

Das erste Haus: Haus des Widders – Mars

Ego – Dasein – die »Persona«, die Maske, die man trägt – die eigene Persönlichkeit

Der Fragesteller: Temperamentvoll, selbstbewußt, voller Energie und Tatendrang, so sehen dich die anderen. Du hast das Bedürfnis, dich zu behaupten und auszudrücken. Es besteht jedoch die Gefahr, daß du dich zu wichtig nimmst. Du kannst dominant und herrschsüchtig werden. Bedenke, du bist nicht der Nabel der Welt.

Die Fragestellerin: Zeige dich ein bißchen weiblicher.

Vorhersage: Ein Mann wird in deinem Leben eine Hauptrolle spielen, z.B. dein Partner, Freund, eine Person, die dir sehr nahesteht.

Das zweite Haus: Haus des Stiers – Venus als Morgenstern

Eigene Werte – Besitz – Finanzen

Vorhersage: Die Fragestellerin: Es ist sehr wahrscheinlich, daß bei dir zu Hause der Mann Alleinverdiener ist. Er sorgt für dich und deine Familie. Seine Tatkraft ist beneidenswert, sein Handeln ist zielgerichtet und zugleich eine Herausforderung. Er kann Geld als Machtinstrument benutzen, in diesem Bereich kann er sich als sehr produktiv erweisen. Mit so einem Mann brauchst du dir keine großen finanziellen Sorgen zu machen.

Der Fragesteller: Du besitzt die oben beschriebenen Charaktereigenschaften. Du bist für deine Finanzen selbst verantwortlich.

Das dritte Haus: Haus der Zwillinge – Merkur als Morgenstern

Information – Kontakt zu anderen – Austausch – Kommunikation

Vorhersage: Der Fragesteller: Du hast das Bedürfnis, die Aufmerksamkeit anderer durch deine Taten und deine Tatkraft auf dich zu ziehen, manchmal willst du andere beeinflussen. Deine Pläne und Ideen kannst du sofort in die Tat umsetzen. Das ist beneidenswert.

Die Fragestellerin: Menschen in deiner Umgebung, besonders ein vielleicht noch unbekannter Mann, werden eine große Rolle spielen. Bleibe in Bewegung, und laß dich mögen. Du hast ein gutes Verhältnis zu deinem Bruder oder einem netten Nachbarn.

Das vierte Haus: Haus des Krebses – Mond

Deine Wurzeln – dein Haus – Tradition – Sicherheit

Vorhersage: Der Fragesteller: Du bist der Mittelpunkt der Familie, sie braucht dich, und du brauchst sie. Du willst der Boß, der Herr im Hause sein, versuche es aber nicht um jeden Preis.

Die Fragestellerin: Du mußt deinen Mann als Herrn im Haus anerkennen. Geize nicht mit Lob, Zuspruch schmeichelt ihm sehr. Sei manchmal eine gute Schauspielerin.

Das fünfte Haus: Haus des Löwen – Sonne

Ausdruckskraft – Vergnügen – Gestaltung – Entwicklung – Kinder

Vorhersage: Der Fragesteller: Du besitzt viel Vitalität, Tatkraft und Energie, bist von feurigem Temperament, kreativ und begeisterungsfähig. Du willst Spaß am Leben haben und bist ein leidenschaftlicher Liebhaber, Partner oder Ehemann, aber sehr oft besitzergreifend. Denke mehr an deine Partnerin, und vergeude nicht unnötig deine Kräfte.

Die Fragestellerin: Ein Mann mit oben beschriebenem Charakter kann in dein Leben treten, mache dich nicht von ihm abhängig, habe ganz einfach deinen Spaß. Es ist sehr wahrscheinlich, daß er das gleiche von dir will.

Das sechste Haus: Haus der Jungfrau – Merkur als Abendstern

Bewußte Bedürfnisse – Gesundheit – Arbeit

Vorhersage: Der Fragesteller: Du brauchst einen Beruf, in dem du dich beweisen kannst, am besten in einer Führungsposition. Das Unterordnen fällt dir leider schwer, und besonders teamfähig bist du auch nicht. Wenn dir genug Freiräume bleiben und du Verantwortung für etwas übernommen hast, gehst du mit Schwung an deine Aufgaben. Als Kämpfernatur kannst du ohne Zweifel mit Erfolg rechnen. Diese Kartenstellung zeigt die Wichtigkeit deines Berufslebens.

Die Fragestellerin: Du mußt Seite an Seite mit einem Mann arbeiten, es könnte ein Arbeitskollege oder auch der strenge Chef sein, verliebe dich lieber nicht in ihn. Für eine Hausfrau könnte dieser Mann auch ein Ehemann sein, der für das Geldverdienen zuständig ist.

Warnung: Gehe zu den Vorsorgeuntersuchungen, erneuere deinen Impfpaß, besonders vor einer Reise in den Süden oder Osten.

Das siebte Haus: Haus der Waage – Venus als Abendstern

Wir und sie – Partnerschaft – Mitarbeit – Ehe

Vorhersage: Der Fragesteller: Zeige dich in deiner Beziehung nicht zu autoritär. Versuche nicht, deine Macht zu zeigen oder sie auszuüben. Dabei besteht die Gefahr von Machtkämpfen und Konflikten zwischen dir und deinem Partner, das führt zu Mißverständnissen und Trennungen.

Die Fragestellerin: Gute Aussichten für alle Singles, Schluß mit der Einsamkeit, vielleicht kennst du ihn längst, nur hast du nicht gedacht, daß aus euch »etwas« wird. Dein Freund, Ehemann, Lebenspartner braucht mehr Aufmerksamkeit. Auf ihn kannst du zählen.

Das achte Haus: Haus des Skorpions – Pluto

Die Werte anderer – Vererbung – Regeneration – Wiedergeburt – Tod

Vorhersage: Der Fragesteller: Du besitzt sehr viele innere Reserven und eine große Regenerationsfähigkeit. Du kannst dich wie der Phönix aus der Asche erheben und in schwierigen und hoffnungslosen Situationen wieder auf die Beine kommen. Es besteht die Gefahr, daß du deine eigenen Grenzen überschreitest.

Die Fragestellerin: Ein Mann kann dir finanzielle Vorteile (durch Erbschaften, Versicherungen, Steuern etc.) verschaffen. Du kannst ihn bald kennenlernen.

Das neunte Haus: Haus des Schützen – Jupiter

Philosophie – Reisen – Religion – Inspiration

Vorhersage: Der Fragesteller: Du bist auf der Suche nach neuen Abenteuern und bereit, neue, fremde Bereiche zu erkunden. Du verreist gerne oder nimmst bei sportlichen Wettkämpfen teil. Gehe keine unnötigen Risiken ein, besonders nicht in fremden Ländern.

Die Fragestellerin: Es ist sehr wahrscheinlich, daß du auf einer Reise, vielleicht im Ausland, einen Mann kennenlernst. Öffne dich nicht für jede männliche Person, die du auf diesem Weg triffst. Sei nicht sofort Feuer und Flamme – Vertrauen braucht Zeit.

Das zehnte Haus: Haus des Steinbocks – Saturn

»Die Krone« – Karriere – Machtposition – Anerkennung – Ehre – Berufung

Vorhersage: Der Fragesteller: Wenn du im Leben etwas erreichen willst, mußt du hart dafür arbeiten. Mit Ehrgeiz und Energie verfolgst du eine Karriere, am liebsten würdest du die Spitze erreichen. Ob dir das gelingt, liegt an dir selbst.

Die Fragestellerin: Ein Mann kann dir beim Erreichen deines Ziels helfen, sei ihm dafür dankbar. Vielleicht verbinden euch gemeinsame Interessen oder Hobbys, vielleicht macht er dich auf etwas Neues aufmerksam.

Das elfte Haus: Haus des Wassermanns – Uranus

Ambitionen – Pläne – Vereinigung – Freundschaften

Vorhersage: Der Fragesteller: In deinem Freundeskreis spielst du eine wichtige Rolle, deine Freunde stimulieren und unterstützen dich, sie geben dir Ratschläge, so kannst du dein Gleichgewicht immer bewahren.

Die Fragestellerin: Ein Mann aus deinem Freundeskreis kann dir gute Dienste erweisen, daraus kann sich eine echte Freundschaft entwickeln.

Warnung: Es besteht die Gefahr, daß du deine Energien verschwendest und dich verzettelst.

Das zwölfte Haus: Haus der Fische – Neptun

Unbewußte Bedürfnisse – seelische Kraft – Abgeschlossenheit

Vorhersage: Der Fragesteller: Du mußt mehr Mut und Selbstvertrauen in die eigenen Fähigkeiten entwickeln. Deine inneren Talente (z.B. Intuition) bleiben dir auch sehr oft verborgen, durch Meditation bist du in der Lage, die eigene Kraft kennenzulernen und alle Probleme zu lösen.

Die Fragestellerin: Sprich deinem Partner Mut zu, er braucht dein Verständnis. Akzeptiere, daß er manchmal nur für sich allein sein will. In der Ruhe liegt die Kraft, ist das nicht sein Motto? Damit hat er auch recht.

Karte 29 – Die Dame – Pik-As

Grundbedeutung: Die Fragestellerin, eine weibliche Person, eine Frau, Geliebte, Verlobte

Die Dame trägt die Eigenschaften der Wasserzeichen in sich, die für unsere Gefühle und Empfindungen stehen. Jeder weiß, daß eine Frau viel sensibler und intuitiver sein kann als ein Mann, es ist einfach ihre Natur, diese Aspekte des Lebens zu vermitteln.

Pik symbolisiert das Element Wasser und damit das Seelische, das Unbewußte, die Melancholie.

Pik-As bringt, wie alle anderen As-Karten, Glück, das mit leidenschaftlicher Liebe verbunden ist. Die Seele ist tief von unseren Gefühlen berührt. Man zeigt seine weibliche Seite, die auch bei einem Mann vorhanden ist.

Das erste Haus: Haus des Widders – Mars

Ego – Dasein – die »Persona«, die Maske, die man trägt – die eigene Persönlichkeit

Vorhersage: Die Fragestellerin: Du bist eine sensible, eher passive Person, und das Unbewußte kommt bei dir besonders zum Tragen. Die Sinne und Gefühle sind dir sehr wichtig, du wirst vom Mystischen magisch angezogen. Du wirst auf die Probe gestellt, zieh dich warm an! Nimm dich jedoch nicht zu ernst.

Der Fragesteller: Du zeigst dich weiblich und sensibel, dafür mußt du dich nicht schämen. Manchmal gewinnen deine Gefühle die Oberhand, das ist nicht immer gut. Eine Frau kann in deinem Leben eine wichtige Rolle spielen.

Das zweite Haus: Haus des Stiers – Venus als Morgenstern

Eigene Werte – Besitz – Finanzen

Vorhersage: Die Fragestellerin: Geld spielt bei dir eine zweitrangige Rolle, aber es beruhigt dich. Es ist besser, wenn du deine finanziellen Angelegenheiten anderen anvertraust, die mehr davon verstehen und ein sicheres Händchen dafür haben. Im Lichte dieser Karte bist du für deine Finanzen verantwortlich, wirtschafte bitte vernünftig.

Der Fragesteller: Deine Partnerin wird dein Konto aufbessern. Laß dich von einer Frau finanziell gut beraten.

Das dritte Haus: Haus der Zwillinge – Merkur als Morgenstern

Information – Kontakt zu anderen – Austausch – Kommunikation

Vorhersage: Die Fragestellerin: Du kannst dich sehr stark in andere einfühlen und versetzen. Du besitzt auch sehr viel Mitgefühl, andere Personen fühlen sich durch dich verstanden, daraus kannst du im geschäftlichen Bereich Vorteile ziehen.

Der Fragesteller: Beim Abschließen von Kontrakten und Vereinbarungen kann eine Frau eine wichtige Rolle spielen. Deine Schwester könnte plötzlich im Vordergrund stehen.

Das vierte Haus: Haus des Krebses – Mond

Deine Wurzeln – dein Haus – Tradition – Sicherheit

Vorhersage: Die Fragestellerin: Du hast ein starkes Bedürfnis, dich für die Familie aufzuopfern. Mache dir insgeheim nicht zu viele Sorgen, du bist extrem empfindlich, lerne, logisch zu denken.

Der Fragesteller: Deine Partnerin ist die größte Stütze in der Familie, ohne sie geht gar nichts. Sie ist warmherzig und zärtlich und braucht deine Liebe. Eine Frau, die zur Familie gehört, wird demnächst eine sehr wichtige Rolle in deinem Leben spielen.

Das fünfte Haus: Haus des Löwen – Sonne

Ausdruckskraft – Vergnügen – Gestaltung – Entwicklung – Kinder

Vorhersage: Die Fragestellerin: Paß gut auf dich auf, und verliere dich nicht zu leicht in Liebesaffären und anderen Vergnügungen. Du brauchst keine Angst vor Zurückweisung zu haben, vertraue auf deine inneren Werte. Du hast eine sehr idealistische Einstellung gegenüber Kindern und Erziehung.

Der Fragesteller: Es wartet auf dich eine Liebesaffäre, eine Romanze, vielleicht auch mehr – verletze nicht die Gefühle anderer.

Das sechste Haus: Haus der Jungfrau – Merkur als Abendstern

Bewußte Bedürfnisse – Gesundheit – Arbeit

Vorhersage: Die Fragestellerin: Als Boß fühlst du dich nicht so recht in deinem Element. Versuche herauszufinden, was im beruflichen Bereich für dich das Beste ist. Es ist möglich, daß du dich beruflich ganz neu orientieren mußt. Du bist empfänglich für psychische Probleme. Belaste nicht zu sehr dein seelisches Gleichgewicht. Gehe regelmäßig zu Vorsorgeuntersuchungen.

Der Fragesteller: Eine Mitarbeiterin kann deine Aufmerksamkeit auf sich ziehen. Sei diskret!

Das siebte Haus: Haus der Waage – Venus als Abendstern

Wir und sie – Partnerschaft – Mitarbeit – Ehe

Vorhersage: Die Fragestellerin: In deiner Partnerschaft suchst du emotionale Bestätigung, du brauchst die starke Schulter zum Anlehnen. Als Single wirst du dich auf die Partnersuche begeben. Suche nach keinem Ideal, und sei nicht zu besitzergreifend.

Der Fragesteller: Eine Frau wird demnächst eine besondere Rolle in deinem Leben spielen. Ob das deine alte Partnerin ist oder eine Geliebte, mußt du selbst wissen. Schenke ihr mehr Aufmerksamkeit. Verliere dich nicht in der Beziehung, handle wie ein Mann, verantwortungsvoll und bewußt.

Das achte Haus: Haus des Skorpions – Pluto

Die Werte anderer – Vererbung – Regeneration – Wiedergeburt – Tod

Vorhersage: Die Fragestellerin: Du hast eine sehr emotionale Haltung dem Tod gegenüber und mediale Neigungen, das Mystische zieht dich magisch an. Diese Interessen kommen meistens mit dem Alter. Bitte meide Drogen und alles, was zur Sucht führen kann.

Der Fragesteller: Aus dem achten Haus kann man ablesen, wie du mit deinen tiefsten Begierden umgehst. Die Dame verspricht eine außereheliche sexuelle Beziehung.

Das neunte Haus: Haus des Schützen – Jupiter

Philosophie – Reisen – Religion – Inspiration

Vorhersage: Die Fragestellerin: Du besitzt eine außergewöhnliche Phantasie, sehr oft ist dir dies nicht bewußt. Deine mystische Veranlagung macht dich offen für dein Traumleben – deine Träume führen und warnen dich. Im Lichte dieser Karte wartet eine bedeutende Reise auf dich. Genieße jeden Augenblick gezielt und bewußt. Vielleicht ist es eine Erholungsreise.

Der Fragesteller: Im Ausland kannst du eine interessante Dame kennenlernen.

Das zehnte Haus: Haus des Steinbocks – Saturn

»Die Krone« – Karriere – Machtposition – Anerkennung – Ehre – Berufung

Vorhersage: Die Fragestellerin: Vielleicht bist du auf der Suche nach dem Lebensziel, richte dich nach deinen Gefühlen. Du mußt lernen, den eigenen Erfolg Schritt für Schritt aufzubauen. Verliere dich nicht in deiner Phantasiewelt. Scheue dich nicht vor Herausforderungen.

Der Fragesteller: Auf dem Weg nach »oben« kann dir eine Dame behilflich sein. Nimm ihre Dienste dankbar entgegen.

Das elfte Haus: Haus des Wassermanns – Uranus

Ambitionen – Pläne – Vereinigung – Freundschaften

Vorhersage: Die Fragestellerin: Phantasiere nicht von eigenen Träumen und Wünschen, sondern plane und verwirkliche sie. Auch deine Freunde können dir bei der Verwirklichung deiner Ziele helfen. Du bist großzügig deinen Freunden gegenüber, zeigst Verständnis und Gefühl. Es ist wahrscheinlich, daß eine sehr enge Freundin deine Aufmerksamkeit auf sich zieht.

Der Fragesteller: Mit dieser Dame wird dich eine enge Freundschaft verbinden. Sie zeigt sich sentimental und romantisch und sucht einen verläßlichen Freund. Vielleicht kann eines Tages mehr daraus werden.

Das zwölfte Haus: Haus der Fische – Neptun

Unbewußte Bedürfnisse – seelische Kraft – Abgeschlossenheit

Vorhersage: Die Fragestellerin: Sehr oft verlierst du dich in allen möglichen metaphysischen und mystischen Spekulationen. Ab und zu brauchst du Einsamkeit und Ruhe, hast du sie gefunden, fühlst du dich unnötigerweise einsam. Du neigst auch zur Selbstaufopferung.

Der Fragesteller: Mit der Frau kannst du auf eine Astralreise gehen. Gemeinsame Träume und die gleiche Wellenlänge werden euch verbinden.

Karte 30 – Die Lilie – Pik-König

Grundbedeutung: Familie, Frieden, Harmonie, Sexualität

Die Lilie assoziieren wir mit den Wasserzeichen, bei denen das Unbewußte besonders zum Tragen kommt. Auch die Pik-Karten stehen für das Wasserelement und berühren die unbewußte Seite und die Seele in uns.

Astrologisch entspricht die Lilie dem Krebs, der das stärkste unter allen Wasserzeichen ist. Alle Wasserzeichen sind von einer passiven Seelenstimmung geprägt. Gefühl, Empfindung und Wahrnehmung sind für sie alles. Der Mond regiert dieses Zeichen und verrät uns Eigenschaften, die wir von unseren Eltern und früheren Generationen geerbt haben, und die Einflüsse, die sie auf uns ausüben.

Pik-König stellt die Intuition und die Verbundenheit sowohl mit der irdischen als auch mit der geistigen Welt dar.

Das erste Haus: Haus des Widders – Mars

Ego – Dasein – die »Persona«, die Maske, die man trägt – die eigene Persönlichkeit

Du bist ein ausgesprochener Familienmensch, sensibel, zart, liebevoll und hingebungsvoll, immer bereit zu helfen. Dein Beschützerinstinkt ist stark ausgeprägt. Dein Streben nach Harmonie und Ruhe ist dir sehr wichtig.

Vorhersage: Es wird sich alles um deine Familie drehen, im Positiven wie im Negativen, und es wird nicht alles nach deinem Wunsch laufen. Unzufriedenheit kann sich breit machen. Du bist jedoch die wahre Stütze, die Hauptzentrale der Familie. Nur du kannst alle Wogen glätten.

Das zweite Haus: Haus des Stiers – Venus als Morgenstern

Eigene Werte – Besitz – Finanzen

Vorhersage: Achte darauf, daß du genügend Reserven auf dem Bankkonto hast. So kannst du dich sicher fühlen, und die Sorgen werden dir nicht auf Gemüt oder Magen schlagen. Sei nicht zu verschwenderisch, wirtschafte mit dem Geld vernünftig. Trotzdem ist es sehr tröstend, daß du auf die finanzielle Unterstützung deiner Familie rechnen kannst. Nutze das nicht zu sehr aus!

Das dritte Haus: Haus der Zwillinge – Merkur als Morgenstern

Information – Kontakt zu anderen – Austausch – Kommunikation

Du hast ein starkes Bedürfnis nach Gemeinschaft mit Gleichgesinnten, aber du reagierst überempfindlich gegenüber Kritik an eigenen Ideen und der eigenen Person. Wenn du dich nach langem Zögern für etwas begeisterst, dann von ganzem Herzen.

Vorhersage: Stehst du unter elterlichem Druck, ist ein Elternteil dominant, dann lerne, dich zu befreien. Versuche deine Entscheidungen logisch, nicht emotional zu treffen. Positive Kontakte mit Geschwistern und Nachbarn stehen bevor.

Das vierte Haus: Haus des Krebses – Mond

Deine Wurzeln – dein Haus – Tradition – Sicherheit

Vorhersage: Du suchst Sicherheit in Heim und Familie, die Lilie als die Familienkarte verspricht dir eine schöne und ruhige Zeit. Die Sympathie deiner Familie ist dir sehr wichtig, euch verbinden untrennbare Familienbande. Es wird sich demnächst alles um die Familie drehen. Du hast ein sehr starkes Bedürfnis, Wurzeln zu schlagen. Willst du eine eigene Familie gründen? Jetzt ist die Zeit reif dafür.

Das fünfte Haus: Haus des Löwen – Sonne

Ausdruckskraft – Vergnügen – Gestaltung – Entwicklung – Kinder

Vorhersage: Deine Selbstverwirklichung lebst du in häuslicher Umgebung aus, wo du dich in Sicherheit mit anderen austauschen kannst. Du bemutterst gerne geliebte Menschen, willst sie beschützen, aber du läßt dich auch gerne versorgen. Dein Bedürfnis, geliebt zu werden, wird im Lichte dieser Karte (Lilie steht auch für Sexualität) befriedigt. Bleibe für jedes Vergnügen und jeden Spaß offen. Bei der Wahl der Geliebten ziehe deine Intuition zu Rate.

Das sechste Haus: Haus der Jungfrau – Merkur als Abendstern

Bewußte Bedürfnisse – Gesundheit – Arbeit

Vorhersage: Damit du finanziell auf eigenen Füßen stehst, brauchst du mehr Glauben an die eigene Person und an die eigenen Fähigkeiten. Vernachlässige die eigenen Talente nicht. Es ist auch möglich, daß du von zu Hause aus einer beruflichen Tätigkeit nachgehst, oder du findest einen Job im Familienbetrieb. Achte sehr auf deine Gesundheit, besonders auf die Ernährung. Gehe regelmäßig zu den Vorsorgeuntersuchungen, beispielsweise bei der Frauenärztin.

Das siebte Haus: Haus der Waage – Venus als Abendstern

Wir und sie – Partnerschaft – Mitarbeit – Ehe

Suche die Sicherheit in einer Partnerschaft, du willst mit ihm (ihr) alles teilen und ihn (sie) vielleicht auch bemuttern. Deine Sensibilität und Überempfindlichkeit können für unnötige Unstimmigkeiten in der Partnerschaft sorgen. Sei nicht zu schnell beleidigt. Deine Familienbindungen sind sehr stark und dienen dir als Orientierungshilfe für die eigene Zukunft mit dem Partner.

Vorhersage: Du wünschst dir eine sexuelle Beziehung, deine Wünsche können erfüllt werden. Erhalte deine alte Beziehung frisch und lebhaft. Alles, was gepflegt wird, gedeiht, besonders menschliche Kontakte.

Das achte Haus: Haus des Skorpions – Pluto

Die Werte anderer – Vererbung – Regeneration – Wiedergeburt – Tod

Vorhersage: Deine finanziellen Angelegenheiten werden im positiven oder negativen Sinn durch Heirat oder Partnerschaften beeinflußt. Du kannst auch durch eine familiäre Erbschaft an Geld kommen. Aus dem achten Haus kann man die Einstellung gegenüber der Sexualität ablesen. Ein gesundes Sexleben ist dir wichtig, es werden sich einige Gelegenheiten zum »Spaß haben« bieten.

Das neunte Haus: Haus des Schützen – Jupiter

Philosophie – Reisen – Religion – Inspiration

Vorhersage: Du fühlst dich stark mit deiner Heimat, deiner Familie und deinen Verwandten verbunden. Es ist möglich, daß du einen Familienurlaub irgendwo auf dem Lande oder auch am Meer machst. Du reist gerne auf dem Wasser. Auf jeden Fall wirst du nicht allein verreisen, du machst Urlaub mit deiner Familie und für deine Familie. Es ist auch möglich, daß du von deiner Familie dazu eingeladen wirst, bei ihr eine nette Zeit zu verbringen.

Das zehnte Haus: Haus des Steinbocks – Saturn

»Die Krone« – Karriere – Machtposition – Anerkennung – Ehre – Berufung

Vorhersage: Meistens weißt du intuitiv, was du willst. Es ist möglich, daß du bei der Wahl deines Lebenswegs erst an die Familie denkst. Die Familie wird meistens den Vorrang haben, aber du kannst dich nicht richtig zwischen ihr und dem Beruf entscheiden. Unterschätze deine eigenen Qualitäten nicht, du hast viele Talente, die nicht verlorengehen können. Ob dir der Spagat zwischen Familien- und Berufsleben gelingt, hängt von dir ab.

Das elfte Haus: Haus des Wassermanns – Uranus

Ambitionen – Pläne – Vereinigung – Freundschaften

Vorhersage: Du bist sozial eingestellt, suchst gerne Kontakt zu Gleichgesinnten. Du sorgst gerne für deine Freunde und deine Familie. Du hältst an den eigenen Hoffnungen und Plänen fest, die sehr oft die eigene Familie betreffen, und nimmst die Verantwortung für die Familie sehr wichtig. Es besteht jedoch die Gefahr, daß deine Freunde zu kurz kommen, die Familie wird immer wichtiger sein.

Das zwölfte Haus: Haus der Fische – Neptun

Unbewußte Bedürfnisse – seelische Kraft – Abgeschlossenheit

Vorhersage: Du mußt Kontakt zu deiner inneren Führung herstellen. Du kommst durch die eigenen Emotionen oder durch die Familie zur Selbsteinkehr. In der Ruhe deines Hauses und der Geborgenheit der Familie kannst du dich wieder neu entdecken. Die Mystik gibt dir das Gefühl der Sicherheit. Bleibe optimistisch, und vertraue auf deine Familie.

Karte 31 – Die Sonne – Karo-As

Die Grundbedeutung: Energie, Kraft, Wille, Kreativität, Vitalität, Wärme, Optimismus

Die Sonne herrscht über den Tag, versorgt uns mit Licht und macht das Leben erst möglich. Sie ist der erste Himmelskörper im astrologischen Zodiak. In der astrologischen Zeichensprache ist sie ein Kreis mit einem Punkt in der Mitte. Die Sonne gibt uns Auskunft über instinktives Verhalten und die Entwicklung der Persönlichkeit, sie symbolisiert Kraft und Vitalität und steht für das männliche Prinzip in jedem Menschen. Sie drückt das Individuelle und die Entfaltung unserer Persönlichkeit aus.

Karo-As ist eine Trumpfkarte, die für großes Glück steht. Aus dem vollen zu schöpfen, das große Los zu ziehen, ein Sonnenkind zu sein, das sind die optimistischen Prognosen dieser Karte.

Das erste Haus: Haus des Widders – Mars

Ego – Dasein – die »Persona«, die Maske, die man trägt – die eigene Persönlichkeit

Im Lichte dieser Karte hatte man meistens eine glückliche Kindheit und verfügt über eine gute Gesundheit. Das sind die besten Voraussetzungen für die weitere Entwicklung. Du bist eine selbstbewußte, optimistische und sehr oft kreative Persönlichkeit – sehr stark, vital und verführerisch. Du bist eine »Selfmadewoman« oder ein »Selfmademan«, erwartest viel vom Leben, möchtest bewundert und anerkannt werden.

Vorhersage: Dein Ehrgeiz wird gestillt, deine Wünsche verwirklicht. Du stehst auf der Sonnenseite des Lebens! Du hast viel Freude am Leben – welch ein Glück! Du kannst dich richtig freuen!

Das zweite Haus: Haus des Stiers – Venus als Morgenstern

Eigene Werte – Besitz – Finanzen

Vorhersage: Du willst finanzielle Unabhängigkeit erreichen, materieller Erfolg ist für dich gleichbedeutend mit persönlichem Erfolg. Du willst von niemandem abhängig sein, diese Stellung verspricht dir eine sehr gute finanzielle Lage. Wenn du zur Zeit in finanziellen Schwierigkeiten steckst, fürchte dich nicht, alles wird sich zum Guten wenden. Du kannst sogar mit einer unerwarteten Unterstützung rechnen, mit einem Geldzufluß.

Das dritte Haus: Haus der Zwillinge – Merkur als Morgenstern

Information – Kontakt zu anderen – Austausch – Kommunikation

Du liebst Veränderungen in allen Bereichen, deshalb suche dir einen Job oder einen Beruf, in dem du eine gewisse Rolle in der Gesellschaft spielen kannst. So kannst du Verbindungen aufbauen, Ideen austauschen und reichhaltige und vielfältige Beziehungen genießen. Es ist am besten, wenn du Entscheidungen nach deiner Vorstellung triffst. Du hast die Gabe, die Aufmerksamkeit auf dich zu lenken, nutze sie. Dein Sinn für Humor hilft in jeder Lage.

Vorhersage: Kleine Reisen stehen bevor, sei es geschäftlich oder privat. Es gibt keine Langeweile mehr! Du pflegst einen regen Kontakt zu Geschwistern und Nachbarn.

Das vierte Haus: Haus des Krebses – Mond

Deine Wurzeln – dein Haus – Tradition – Sicherheit

In der Familie fühlst du dich gut aufgehoben, du brauchst starke Familienbindungen, um dich wohl zu fühlen. Singles haben das Bedürfnis, ein Zuhause aufzubauen, die Rolle des Familienoberhaupts zu spielen und sich selbst inmitten der Dinge wiederzufinden. Du orientierst dich sehr nach den eigenen Familienmustern, die du aus der Kindheit kennst.

Vorhersage: Familienglück ist angesagt. Vielleicht handelt es sich um ein familiäres Treffen aus einem besonderem Anlaß, z.B. Hochzeit, Taufe, Kommunion.

Das fünfte Haus: Haus des Löwen – Sonne

Ausdruckskraft – Vergnügen – Gestaltung – Entwicklung – Kinder

Du bist ein großer Genußmensch, willst Spaß mit Freunden haben, geliebt, beachtet und geschätzt werden. Deine vitale Energie, Wärme, Großzügigkeit und Kreativität schreien nach Selbstausdruck. Suche dir kreative Hobbys, bei denen du dich ausleben kannst.

Vorhersage: Du hast viele Gelegenheiten, einen Partner zu finden und heiße Liebesaffären zu haben. Flirte, was das Zeug hält. Es ist die höchste Zeit, an Nachwuchs zu denken. Hast du schon Kinder, dann wirst du viel Freude mit ihnen haben.

Das sechste Haus: Haus der Jungfrau – Merkur als Abendstern

Bewußte Bedürfnisse – Gesundheit – Arbeit

Du verstehst es, aus den gewöhnlichen Lebensumständen das Beste zu machen. Ohne Anerkennung bei der Arbeit läuft bei dir nichts. Du leistest gute Dienste, bist fleißig und zuverlässig – das wird auf jeden Fall bemerkt werden. Du sehnst dich nach Harmonie im Alltag, konzentriere dich auf die Gegenwart, auf die praktischen und materiellen Details.

Vorhersage: Erfolg im Beruf, neue Chancen und neue Möglichkeiten, Anerkennung. Jede Krankheit sorgfältig auskurieren, Wärme, nicht nur die der Sonne, und auch gute, vitaminreiche Ernährung sind sehr wichtig.

Das siebte Haus: Haus der Waage – Venus als Abendstern

Wir und sie – Partnerschaft – Mitarbeit – Ehe

Vorhersage: Die Sonne im Hause der Partnerschaften ist sehr vielversprechend. Die Chance, einen idealen Partner zu finden, ist sehr groß. Bist du Single, dann nutze die Gunst der Stunde. Eine gute Zeit für eine Verlobung oder eine Heirat. In der bestehenden Beziehung hast du Glück. Bemühe dich, deine alte Liebe frisch zu erhalten. Bei der liebevollen Zusammenarbeit mit anderen fühlst du dich geborgen, anerkannt und akzeptiert.

Das achte Haus: Haus des Skorpions – Pluto

Die Werte anderer – Vererbung – Regeneration – Wiedergeburt – Tod

Du kannst dich mit Fragen des Lebens und des Todes auseinandersetzen. Du interessierst dich für die tieferen Geheimnisse des Lebens und bist tatsächlich spirituell veranlagt. In der zweiten Lebenshälfte wird sich das deutlich bemerkbar machen. Die Sonne im achten Haus zieht Lebenskrisen an. Es wird viel verlangt, aber auch viel erreicht. Es ist möglich, daß du dich von deinem gewohnten Umfeld trennst. Manchmal kannst du dich aus eigener Initiative unerwartet verabschieden.

Vorhersage: Glück für diejenigen, die mit einer Erbschaft rechnen, es kommt zu einem Geldsegen, manchmal zu wertvollen Geschenken etc.

Das neunte Haus: Haus des Schützen – Jupiter

Philosophie – Reisen – Religion – Inspiration

Die weite Welt zieht dich magisch an, du möchtest deinen Horizont erweitern. Du brauchst viel Bewegungsfreiheit und willst andere Länder, andere Sitten und Mentalitäten kennenlernen. Das Ausland kann demnächst eine wesentliche Rolle für dich spielen, vielleicht suchst du da nach einem Job – die Chancen stehen gut.

Vorhersage: Viel Glück im Urlaub, viel Glück auf Reisen. Freudige Reise nach Süden, warme Sonnenstrahlen etc.

Das zehnte Haus: Haus des Steinbocks – Saturn

»Die Krone« – Karriere – Machtposition – Anerkennung – Ehre – Berufung

Vorhersage: Deine Ziele, deine Projekte und Pläne sind dir sehr wichtig. Bei so viel Arbeit kann deine eigene Familie zu kurz kommen. Dein Ehrgeiz kennt keine Grenzen, suche den Weg nach oben, du willst schließlich die volle Unabhängigkeit erreichen und als etwas gelten. Investiere deinen Fleiß und Schweiß in deine einzigartige Zukunft, der Erfolg winkt vom weitem.

Das elfte Haus: Haus des Wassermanns – Uranus

Ambitionen – Pläne – Vereinigung – Freundschaften

Vorhersage: Deine Wünsche und Pläne werden in Erfüllung gehen, wenn du den Partner findest, der deine Unternehmungen schätzt und unterstützt. Du bewegst dich in einem Geflecht vielfältiger Beziehungen, nutze sie. Deine sehr große kommunikative Begabung hilft dir, verschiedene Kontakte zu knüpfen. Rege und sehr gute Beziehungen zu deinen Freunden und Bekannten.

Das zwölfte Haus: Haus der Fische – Neptun

Unbewußte Bedürfnisse – seelische Kraft – Abgeschlossenheit

Vorhersage: Es scheint, als ob du ein Einzelgänger wärst. Ziehe dich ab und zu zurück, um in der eigenen Gedanken- und Phantasiewelt allein zu sein. Du willst die Quellen deines eigenen Unbewußten erforschen, das Unbekannte entdecken. Du liebst es, allein und ungestört zu arbeiten, jedoch bist du nicht für die Einsamkeit geschaffen.

Karte 32 – Der Mond – Herz-8

Grundbedeutung: die Seele, das Seelenleben, die Psyche, Intuition, Gefühle

Die Position des Mondes im Horoskop offenbart uns die Art unserer Sensibilität und wie wir sie ausdrücken. Er erhellt den Himmel bei Nacht, hat größten Einfluß auf alles, was lebt, auf Pflanzen, Tiere und auf uns Menschen. In der Astrologie ist der Mond das Gestirn der Empfindlichkeit und der Empfindsamkeit. Seine Position in unserem Zodiak verrät, wie wir auf Gefühle reagieren und sie ausdrücken, und das können wir nur mit Hilfe unserer Sinne tun. Wir erkennen uns selbst und die Welt um uns herum, die jeder auf seine Weise deutet. Wie wir uns und die Umwelt wahrnehmen, ist in Wirklichkeit das Ergebnis unserer Vorstellungskraft.

Herz-8 steht wie alle Herzkarten für das Element »Feuer« und damit für die Leidenschaft unserer Gefühle.

Das erste Haus: Haus des Widders – Mars

Ego – Dasein – die »Persona«, die Maske, die man trägt – die eigene Persönlichkeit

Vorhersage: Du bist sanft, zärtlich und sehr sensibel. Auf deine Intuition kannst du dich sehr oft verlassen. Du empfindest eine tiefe Nostalgie für die eigene Kindheit und benimmst dich manchmal auch wie ein Kind und wechselst deine Launen wie der Mond seine Phasen. Deine Weiblichkeit ist nicht zu übersehen, du schwankst zwischen Kindfrau und Mutter. Bist du ein Mann, dann habe den Mut, deine weibliche Seite zu zeigen. Du bist mondisch, voller Stimmungen, Gefühle und Träume, achte auf sie, versuche sie zu deuten. Sei dabei kreativ!

Das zweite Haus: Haus des Stiers – Venus als Morgenstern

Eigene Werte – Besitz – Finanzen

Du tust alles in deiner Macht Stehende, um materielles, sinnliches und moralisches Wohlergehen zu sichern. Auf der materiellen Ebene kann es dir gelingen, deinen Besitz bemerkenswert wachsen zu lassen. Jedoch bist du manchmal geneigt, unvorsichtig und verschwenderisch zu handeln.

Vorhersage: Du bist nur dann gut gelaunt, wenn deine Finanzen gesichert sind. Laß dich nicht zu sehr von deinen

Gefühlen beherrschen. Sei nicht zu leichtgläubig in Geldangelegenheiten.

Das dritte Haus: Haus der Zwillinge – Merkur als Morgenstern

Information – Kontakt zu anderen – Austausch – Kommunikation

Vorhersage: Du genießt Beziehungen voller Zuneigung und Feinheit, die auf echtem Verständnis beruhen, und du bist auch empfindlich, was den gesellschaftlichen Kreis, in dem du dich bewegst, betrifft. Sehr oft fühlst du dich nicht verstanden und bist verletzt, das macht dich launisch und reizbar. Trotzdem liebst du die Menschen und kannst sehr gut mit ihnen umgehen. Lerne, deine Entscheidungen nicht emotional, sondern logisch zu treffen.

Das vierte Haus: Haus des Krebses – Mond

»Deine Wurzeln« – dein Haus – Tradition – Sicherheit

Vorhersage: Du fühlst dich stark an deine Familie gebunden, ohne sie bist du nicht wirklich glücklich. Sie gibt dir Halt und emotionale Sicherheit. Als Single wirst du an die Familiengründung denken, jedoch überlege deine Entscheidung gut, und heirate nicht zu schnell.

Der Fragesteller: Du wirst nach einer mütterlichen Frau Ausschau halten, die dich zärtlich versorgt.

Das fünfte Haus: Haus des Löwen – Sonne

Ausdruckskraft – Vergnügen – Gestaltung – Entwicklung – Kinder

Du bist sinnlich, verführerisch, voller Hingabe und sentimental. Du möchtest geliebt werden und lieben. Die Kinderliebe spielt auch eine große Rolle für dich, aber das eigene Liebesleben kommt oft an erster Stelle. Als eine kreative Persönlichkeit nutze bitte deine schöpferische Phantasie.

Vorhersage: Sehr gute Chancen für die echte Liebe und für kleine Liebeleien. Eine ausgezeichnete Zeit für die Kinderplanung.

Das sechste Haus: Haus der Jungfrau – Merkur als Abendstern

Bewußte Bedürfnisse – Gesundheit – Arbeit

Vorhersage: Nur der Glaube an deine innere Kraft und an die eigenen Fähigkeiten kann dir helfen, auf eigenen Füßen zu stehen. Engagiere dich mit Leib und Seele in deinem Beruf, im Job, im Studium. Nur so kannst du etwas erreichen. Überlasse nichts dem Zufall, organisiere dich gut. Deine Gesundheit kann schon unter den kleinsten Veränderungen leiden. Achte auf eine ausgewogene Ernährung, lerne, dich zu entspannen.

Das siebte Haus: Haus der Waage – Venus als Abendstern

Wir und sie – Partnerschaft – Mitarbeit – Ehe

Du möchtest beliebt sein und ein reges Gesellschaftsleben führen. Das kann dir auch gelingen, denn du kannst dich jeder Situation anpassen und fühlst dich deinen Mitmenschen verbunden. Du suchst in deinem Partner eine Mutter- oder Vaterfigur.

Vorhersage: Es bestehen gute und reale Chancen, einen Partner kennenzulernen und zu heiraten. Bist du längst verheiratet, lerne, ein bißchen Distanz zu deinem Partner zu bewahren, er braucht auch seine Freiräume.

Das achte Haus: Haus des Skorpions – Pluto

Die Werte anderer – Vererbung – Regeneration – Wiedergeburt – Tod

Vorhersage: Deine Sensibilität hat einen großen Einfluß auf die tiefsten Schichten deiner Persönlichkeit. Es gelingt dir niemals ganz, dich von der materiellen Wirklichkeit zu lösen und Veränderungen entspannt zu durchleben. Du bist anderen gegenüber besonders entgegenkommend und neigst dazu, mehr für sie als für dich selbst zu tun. So kann es sein, daß du ausgebeutet wirst. Deine finanziellen Angelegenheiten werden im positiven oder negativen Sinn durch Heirat oder Partnerschaft beeinflußt.

Das neunte Haus: Haus des Schützen – Jupiter

Philosophie – Reisen – Religion – Inspiration

Vorhersage: Du hast eine sehr starke, empfängliche Intuition und bist spirituell veranlagt. Eigentlich bist du für alles empfänglich, willst deinen sozialen, geistigen, geographischen Horizont erweitern und deine gesunde Neugierde befriedigen. Das kann dir durch weite Reisen ermöglicht werden. Es ist möglich, daß du im Ausland Kontakte knüpfst, die für dein weiteres Leben von Bedeutung sind. Du kannst dich auf neue, unbekannte Ereignisse freuen.

Das zehnte Haus: Haus des Steinbocks – Saturn

»Die Krone« – Karriere – Machtposition – Anerkennung – Ehre – Berufung

Vorhersage: Ein guter Name und Beruf sind dir sehr wichtig, um zu innerer Ruhe zu gelangen. Deine Karriere kann durch den Einfluß von Frauen gefördert werden. Deine berufliche Situation, dein Erfolg bleibt jedoch von den Veränderungen abhängig, die sich um dich herum ereignen. Auf dem Weg nach oben kannst du mit allem rechnen, vieles wird sich ändern, und vieles muß in Erwägung gezogen werden.

Das elfte Haus: Haus des Wassermanns – Uranus

Ambitionen – Pläne – Vereinigung – Freundschaften

Du sehnst dich heimlich nach aufrichtigen Freundschaften und Beziehungen und verstehst es, freundschaftliche, verständnisvolle, vielfache und abwechslungsreiche Beziehungen zu Leuten aus unterschiedlichen kulturellen und sozialen Umfeldern zu pflegen.

Vorhersage: Neue Freundschaften entstehen, alte geraten in Vergessenheit – du mußt mit Abwechslung rechnen. Der Fragesteller kann auf weibliche Freundschaften zählen. Bei der Fragestellerin kann aus einer Freundschaft Liebe entstehen, und umgekehrt.

Das zwölfte Haus: Haus der Fische – Neptun

Unbewußte Bedürfnisse – seelische Kraft – Abgeschlossenheit

Vorhersage: Du bist sensibel, oft geheimnisvoll, und deine Stimmungen und Reaktionen sind stark vom Unbewußten beeinflußt. Du sprichst nicht über deine Gefühle, und selten sagst du, was du wirklich denkst – ein bißchen schüchtern bist du schon. Der Mond kann bei dem Fragesteller für weibliche Sensibilität stehen, bei der Fragestellerin für die Neigung zum Alleinsein.

Karte 33 – Der Schlüssel – Karo-8

Grundbedeutung: Sicherheit, Zuverlässigkeit, Bestätigung, Urvertrauen

Das Schicksal hat uns einen Schlüssel in die Hand gegeben, mit dem die innersten und vielleicht geheimsten Wünsche verwirklicht werden können. Der Schlüssel öffnet uns alle Tore und Türen, er bereitet uns den Weg zu unseren inneren Werten, die im Gegensatz zu den materiellen Besitztümern unbezahlbar sind. Es ist immer gut, diese Karte zu haben, egal in welchem Haus unseres Orakels – der Schlüssel gibt uns Sicherheit und ist eine Garantie für eine gute Prognose und eine Weiterentwicklung.

Karo versinnbildlicht das Element »Luft« und damit den Geist und die Ebene der Gedanken.

Karo-8 stimmt uns optimistisch, weil das eigene Leben für uns immer wieder neue Chancen und neue Möglichkeiten bereithält.

Das erste Haus: Haus des Widders – Mars

Ego – Dasein – die »Persona«, die Maske, die man trägt – die eigene Persönlichkeit

Du bist loyal, verläßlich, aber nicht risikofreudig. Du willst auf Nummer Sicher gehen, und sehr oft sagst du: »Lieber den Spatz in der Hand als die Taube auf dem Dach.« Habe keine Angst vor der Veränderung. Manchmal muß man etwas riskieren.

Vorhersage: Du kannst ruhig die nächsten Tage oder Monate (die Zeit vor der Auslegung bestimmen!) betrachten. Das Schicksal meint es gut mit dir! Endlich wirst du sicheren Boden unter den Füßen haben.

Das zweite Haus: Haus des Stiers – Venus als Morgenstern

Eigene Werte – Besitzen – Finanzen

Endlich hast du den Schlüssel für deinen Geldtresor gefunden. Vielleicht kommst du auf eine Idee, wie du zu Geld kommen kannst. Du hast eine gewisse Begabung fürs Geschäft, und deine finanziellen Angelegenheiten und Unternehmungen werden methodisch geplant.

Vorhersage: Deine Finanzen und andere Besitztümer sind gesichert. Du kannst ruhig schlafen. Die Zeit der Unsicherheit ist vorbei.

Das dritte Haus: Haus der Zwillinge – Merkur als Morgenstern

Information – Kontakt zu anderen – Austausch – Kommunikation

Du bist ein Meister des Alltags, du kannst klar denken, bist selbstsicher und für alles offen. Es werden neue Kontakte geknüpft, die auf Harmonie und Sicherheit beruhen. Du bist anpassungsfähig, dein Umgang mit Verwandten, Nachbarn und anderen Menschen ist von Vertrauen geprägt.

Vorhersage: Es werden sichere, harmonische und ausgeglichene Beziehungen gepflegt.

Das vierte Haus: Haus des Krebses – Mond

Deine Wurzeln – dein Haus – Tradition – Sicherheit

Du hast das Bedürfnis, in einem guten Klima zu leben. Damit du dein Gleichgewicht halten kannst, ist ein glückliches Familienleben für dich unerläßlich. Harmonie in Heim und Familie geben dir Stabilität und vor allem emotionale Sicherheit. Du kannst dich auf sie verlassen.

Vorhersage: Eine sichere Zeit für die Familiengründung.

Das fünfte Haus: Haus des Löwen – Sonne

Ausdruckskraft – Vergnügen – Gestaltung – Entwicklung – Kinder

Vorhersage: Auch die Sexualität als Selbstausdruck ist dem fünften Haus zugeordnet. Für alle Singles steht der Schlüssel für eine mögliche Liebe oder Romanze, die mit Sicherheit Flügel verleihen wird. Der Schlüssel ist eine Garantie für ein aufregendes Leben, du gehst viel aus, z.B. ins Theater, zu Konzerten, auf Partys, und strahlst dabei viel Lebensfreude aus. Entweder bist du schon eine liebevolle Mutter, oder du kannst ein Kind erwarten. Familienzuwachs ist möglich.

Das sechste Haus: Haus der Jungfrau – Merkur als Abendstern

Bewußte Bedürfnisse – Gesundheit – Arbeit

Vorhersage: Mit dem Schlüssel werden dir neue Tore und Türen geöffnet und somit neue Chancen und Möglichkeiten. Das ist besonders wichtig für diejenigen, die einen neuen Wirkungskreis suchen oder gerade die Arbeit verloren haben. Manche bangen um ihren Job und wissen nicht, ob sie ihn auf Dauer behalten werden. Der Schlüssel gibt ihnen die Sicherheit, daß sie bald einen Arbeitsvertrag unterschreiben können. Der Schlüssel gibt dir eine Garantie auf Genesung oder ein festes Versprechen, daß du gesund bleibst.

Das siebte Haus: Haus der Waage – Venus als Abendstern

Wir und sie – Partnerschaft – Mitarbeit – Ehe

Vorhersage: Du besitzt den Schlüssel zur Liebe, aber passe gut auf, daß du ihn nicht verlierst. Deine engen persönlichen Beziehungen zu anderen, besonders zu deinem Partner, werden sehr harmonisch verlaufen, frage nicht mehr danach, ob er dich liebt oder nicht. Ja – er liebt dich, du kannst ihm vertrauen, seine Gefühle sind aufrichtig. Die Venus, Herrscherin dieses Hauses, macht sogar eine Heirat möglich, sie hilft auch allen, die zur Zeit noch Single sind.

Das achte Haus: Haus des Skorpions – Pluto

Die Werte anderer – Vererbung – Regeneration – Wiedergeburt – Tod

Vorhersage: Alle Lebenskrisen gehst du mit dem Verstand an. Habe keine Angst vor der Veränderung, erforsche sie – in Wirklichkeit strebst du doch nach Wandel. Der Schlüssel verspricht neue Möglichkeiten und neue Erkenntnisse. Diese Stellung kann oft auf eine Erbschaft hinweisen oder auf finanziellen Aufschwung durch Heirat oder gesellschaftliche Beziehungen.

Das neunte Haus: Haus des Schützen – Jupiter

Philosophie – Reisen – Religion – Inspiration

Vorhersage: Eine längere Vergnügungsreise würde dir guttun, einerseits willst du deinen Horizont erweitern, andererseits sehnst du dich nach einem Abenteuer. Du kannst die Reise ohne Angst antreten. Deine Wünsche und Ziele werden mit Sicherheit erfüllt. Mit dem Alter findest du in Religion und Philosophie eine reine Quelle der Ruhe.

Das zehnte Haus: Haus des Steinbocks – Saturn

»Die Krone« – Karriere – Machtposition – Anerkennung – Ehre – Berufung

Vorhersage: Gehe mit offenen Augen durchs Leben, nutze die vorhandenen Möglichkeiten, investiere deine Zeit in das, was du gerne machst, wo du mit Leib und Seele dabei bist. Das kann auch ein interessantes Hobby sein. Gut, wenn du etwas wagen kannst, das Glück wird bei dir anklopfen, mit Sicherheit.

Das elfte Haus: Haus des Wassermanns – Uranus

Ambitionen – Pläne – Vereinigung – Freundschaften

Vorhersage: Deine Hoffnungen und Wünsche haben gute Aussichten auf Erfüllung. Der Schlüssel öffnet dir viele neue Herzen, es werden neue Beziehungen eingegangen und Freundschaften geschlossen. Alte Freundschaften werden mit Sicherheit weiter gepflegt, du kannst dich glücklich schätzen, daß auf deiner Seite gute Freunde stehen. Übersieh das kleine Glück nicht.

Das zwölfte Haus: Haus der Fische – Neptun

Unbewußte Bedürfnisse – seelische Kraft – Abgeschlossenheit

Vorhersage: Ziehe dich zurück, und genieße die Ruhe der Einsamkeit, daraus kannst du die größte Kraft schöpfen. Schaue durch eine rosarote Brille auf die Welt, Pessimismus ist von Ängsten geprägt und kann dir keine Hoffnung geben. Nutze die Kraft deines Unbewußten, sie kann dir immer wieder neue Chancen zeigen.

Karte 34 – Die Fische – Karo-König

Grundbedeutung: Finanzen, materieller Wert, Besitz, Wasser, seelische Belange, Intuition, auf die Gefühle Rücksicht nehmen

Fische besitzen neptunische Eigenschaften: höheres Bewußtsein, Eingebungen, die Kraft, zu verwandeln, und die Fähigkeit, Dinge zu verändern und weiterzuentwickeln. Die Position des Neptuns verrät etwas über die höhere Ebene des Geistes und über die Bereitschaft des Betreffenden, davon Gebrauch zu machen. Neptun herrscht über die Inspiration, die höchsten Bestrebungen des Geistes. Er erlaubt uns, unsere inneren Dimensionen zu entdecken, das Bewußtsein von der Welt und von uns selbst, das es uns ermöglicht, äußere Realität und inneres Leben in Einklang zu bringen.

Karo versinnbildlicht das Element »Luft« und damit den Geist und die Gedankenebene. Karo-König rät, auf die innere Stimme zu hören und mehr auf Intuition und Einfühlungsvermögen zu achten. Man kann im Leben nicht alles mit dem Verstand lösen. Karo-König fordert uns dazu auf, den Tag zu genießen und das zu tun, was uns Freude bereitet – sei es beruflich oder ganz privat. Neptuns Unterstützung ist nicht zu übersehen. Unter seinem Einfluß können wir uns selbst verwirklichen.

Das erste Haus: Haus des Widders – Mars

Ego – Dasein – die »Persona«, die Maske, die man trägt – die eigene Persönlichkeit

Du bist sehr intuitiv, sensibel und im allgemeinen spirituell veranlagt. Bei den Astrologen wird Neptun die höhere Oktave der Venus genannt, er inspiriert dich und macht dich künstlerisch begabt. Du kannst auch sehr gut schauspielern, jedoch bleibt dein wahres Ich sehr oft verschlossen. Nutze deine spirituellen Gaben, folge deinen Träumen, höre auf deine Intuition und deine innere Stimme.

Vorhersage: Eine sehr gute Zeit steht dir bevor, eine zufriedene, glückliche und erfüllte Lebensphase und ein ruhiges und zufriedenes Gefühlsleben.

Das zweite Haus: Haus des Stiers – Venus als Morgenstern

Eigene Werte – Besitz – Finanzen

Eigentlich bedeutet dir Geld nicht besonders viel, aber es beruhigt dich, wenn du welches hast. Du hast bestimmt zu Beginn des Jahres eine Fischschuppe in deine Geldbörse gesteckt, nicht wahr? Es sieht so aus, als ob sich deine Finanzen vermehren, vielleicht kommst du unerwartet zu Geld (prüfe das achte Haus, das für Erbschaften verantwortlich ist), oder du bekommst eine Gehaltserhöhung.

Vorhersage: Keine Geldsorgen, im Gegenteil – du kannst mit einem Geldsegen rechnen. Die Fischekarte kann dir über die Summe nichts sagen – es hat in diesem Fall auch keinen Sinn, eine andere Karte zu befragen.

Das dritte Haus: Haus der Zwillinge – Merkur als Morgenstern

Information – Kontakt zu anderen – Austausch – Kommunikation

Vorhersage: Kontaktfreudigkeit und Ideenreichtum verhelfen dir sehr oft zu Erfolg. Das kann auf beruflicher Ebene geschehen, aber nicht nur da. Glück für Lernende und Studierende steht bevor. Du bist gesellig, sympathisch und für die andern ganz einfach da. In dir kann man einen perfekten Zuhörer finden. Nutze deine Talente, die dir auch sehr viele gesellschaftliche Kontakte versprechen.

Das vierte Haus: Haus des Krebses – Mond

Deine Wurzeln – dein Haus – Tradition – Sicherheit

Du liebst deine Familie und würdest dich jederzeit für sie aufopfern. Euch verbinden sehr starke, wahrscheinlich karmische Bande. Deine Gutmütigkeit und Zärtlichkeit öffnen dir alle Herzen.

Vorhersage: Glück in der eigenen Familie, in den eigenen vier Wänden, vielleicht aus einem bestimmten Anlaß, z.B. aus finanziellen Gründen. Eine phantastische Zeit für die Familiengründung.

Das fünfte Haus: Haus des Löwen – Sonne

Ausdruckskraft – Vergnügen – Gestaltung – Entwicklung – Kinder

Vorhersage: In deiner Freizeit kannst du dich mit Kunst oder Kultur beschäftigen, du kannst ins Theater, in ein Konzert oder eine Ausstellung gehen. Dein ungeheurer Ideenreichtum und deine Phantasie kennen keine Grenzen. Versuche schöpferisch tätig zu werden, vielleicht mit dem Schreiben oder Malen, oder hast du schon etwas anderes für dich entdeckt? Du hast ein starkes Verlangen nach Liebe und Anerkennung, im Lichte dieser Karte kannst du mit heißen Gefühlen rechnen. Ob daraus eine feste Beziehung wird, weiß man nicht, und es ist besser so. Eine alte Beziehung kann neu erblühen, wenn du dir ein bißchen Mühe gibst.

Das sechste Haus: Haus der Jungfrau – Merkur als Abendstern

Bewußte Bedürfnisse – Gesundheit – Arbeit

Vorhersage: Deine Kontaktfreudigkeit läßt dich gern zusammen mit Menschen arbeiten. Du stehst gerne im Dienste anderer, aber opfere dich nicht zu sehr auf. Als intuitiver Mensch wirst du schon den richtigen Weg wählen. Bist du in deinem jetzigen Beruf oder Job unzufrieden, schrecke nicht vor einem Wechsel, einer Umschulung zurück. Triff eine Entscheidung, jetzt ist die Zeit dafür reif. Lerne, positiv zu denken, da negatives Denken sich ungünstig auf die eigene Gesundheit auswirken kann.

Warnung: Meide Alkohol, Medikamente und Drogen, eine Suchtgefahr droht.

Das siebte Haus: Haus der Waage – Venus als Abendstern

Wir und sie – Partnerschaft – Mitarbeit – Ehe

Harmonie in der Beziehung ist dir sehr wichtig, Geben und Nehmen sollten im Gleichgewicht bleiben. Du bist sanft und sensibel, einfühlsam und eigentlich der perfekte Ehepartner.

Vorhersage: Eine Zeit voller Gefühle und Leidenschaft steht dir bevor. Laß dich überraschen, und genieße die Zeit.

Das achte Haus: Haus des Skorpions – Pluto

Die Werte anderer – Vererbung – Regeneration – Wiedergeburt – Tod

Vorhersage: Die Fischekarte im Hause der Erbschaften ist kein Zufall. Es ist sehr wahrscheinlich, daß du mit einer Erbschaft oder mit anderem Geld rechnen kannst. Du hast oft seherische Fähigkeiten und farbenfrohe, ereignisreiche Träume. Das Mystische macht dich für andere interessant. Tiefere okkulte Interessen kommen erst später im Leben. Meide den Kontakt mit süchtig machenden Mitteln.

Das neunte Haus: Haus des Schützen – Jupiter

Philosophie – Reisen – Religion – Inspiration

Vorhersage: Dank deiner Intuition kannst du zu wertvollem Wissen gelangen, du bist sehr einfühlsam und vergeistigt. Du kannst meditieren und dich mit östlichen Religionen befassen. Beides wird dir guttun. Du bereust es nicht, Geld für eine weite Reise auszugeben, schließlich willst du deinen geographischen und intellektuellen Horizont erweitern. Du kannst die Reise ohne Angst und in aller Ruhe antreten, denn du wirst von Gottes Hand geführt.

Das zehnte Haus: Haus des Steinbocks – Saturn

»Die Krone« – Karriere – Machtposition – Anerkennung – Ehre – Berufung

Vorhersage: Du hast sehr viele Talente und Begabungen, die dir im Leben weiterhelfen oder Freude bereiten. Spezialisiere dich auf ein Gebiet, und versuche dort mehr zu wissen als alle anderen. Du kannst aus deinem Hobby einen Beruf machen und sehr erfolgreich werden. Wofür du dich entscheidest, liegt an dir. Deine Intuition wird dir schon sagen, was das Richtige ist. Du hast viel Glück bei allen beruflichen Unternehmungen!

Das elfte Haus: Haus des Wassermanns – Uranus

Ambitionen – Pläne – Vereinigung – Freundschaften

Vorhersage: Nichts macht dich glücklicher, als etwas mit deinen Freunden zu unternehmen oder mit ihnen in geselliger Runde beisammenzusitzen und zu plaudern. Du bist immer für deine Freunde da, verständnisvoll, mitfühlend und fröhlich. Du kannst dich leicht für etwas begeistern und mit viel Eifer an die Planung herangehen. Schade, daß du ein bißchen zuwenig Durchsetzungskraft besitzt.

Das zwölfte Haus: Haus der Fische – Neptun

Unbewußte Bedürfnisse – seelische Kraft – Abgeschlossenheit

Vorhersage: Ziehe dich in die Stille und Abgeschiedenheit zurück, um zu meditieren und um nachzudenken. So kannst du schnell den »Weg nach innen« finden, außerdem bist du spirituell veranlagt, und solche Praktiken fallen dir sehr leicht. Dabei kannst du auch anderen helfen, ihre Probleme zu bearbeiten und zu lösen. Du hast wirklich das Talent dafür.

Karte 35 – Der Anker – Pik-9

Grundbedeutung: deine Pflicht, deine Arbeit, deine Aufgabe, Beruf, Berufung, Schule, Verankerung, Niederlassung

Der Anker besitzt die Eigenschaften der Erdzeichen, die für die Sicherheit besonders wichtig sind, sie stehen für Stabilität und Ausdauer. Als Sternzeichen entspricht der Anker dem Stier.

Pik-9 steht für einen Ankerplatz, an dem man sich sicher fühlt – jeder von uns versucht im Laufe seines Lebens, so einen Platz für sich zu finden. Die Farbe Pik symbolisiert auch die Seele, die Schutz und Verankerung in einem Körper findet.

Das erste Haus: Haus des Widders – Mars

Ego – Dasein – die »Persona«, die Maske, die man trägt – die eigene Persönlichkeit

Du bist realistisch und stehst mit beiden Füßen auf dem Boden. Du verfügst über große Arbeitskraft, bist tüchtig und hingebungsvoll.

Vorhersage: Deine Sehnsucht nach Sicherheit und Stabilität kann erfüllt werden. Du hast den passenden Ankerplatz für dich gefunden, dein Heim ist eine Oase der Ruhe, in der du richtig aufblühen kannst. Du wirst mit Freude deinen Pflichten (z.B. Job, Studium, Haushalt) nachgehen, sie werden dich erfüllen. Gibt es etwas Schöneres als ein erfülltes Leben?

Das zweite Haus: Haus des Stiers – Venus als Morgenstern

Eigene Werte – Besitz – Finanzen

Vorhersage: Du kannst sehr gut deine Chancen und Möglichkeiten einschätzen und möchtest sie nach besten Kräften ausnutzen. Vorsichtig, sparsam und vorausschauend wie du bist, kann es dir gelingen, deine finanzielle Lage zu verbessern. Das Maximum an Sicherheit wird erreicht. Du kannst wieder ruhig schlafen.

Das dritte Haus: Haus der Zwillinge – Merkur als Morgenstern

Information – Kontakt zu anderen – Austausch – Kommunikation

Du magst Beziehungen, die auf soliden Gemeinsamkeiten beruhen, aber auch feinsinnige Menschen, in deren Umfeld du dich wohl fühlst. Du verabscheust Konflikte und wünschst dir nur harmonische Kontakte. Du bist gesellig und möchtest gefallen, Kameradschaft und Verständnis sowie gemeinsame Interessen sind dir sehr wichtig.

Vorhersage: Durch das Lernen, Studium oder den Job findest du deine persönliche Erfüllung – viele berufliche Kontakte werden dich auf Trab halten.

Das vierte Haus: Haus des Krebses – Mond

Deine Wurzeln – dein Haus – Tradition – Sicherheit

Du hast eine sehr enge Bindung zu deiner Familie. Dein Haus ist eine Hauptzentrale, in der du dich wirklich wohl fühlst. Der Spruch »Mein Haus ist meine Burg« könnte von dir kommen. Als Gastgeber weißt du deine Gäste bestens zu verwöhnen, und deine gesellige Art macht dich beliebt.

Vorhersage: Die beste Zeit, Wurzeln zu schlagen, seßhaft zu werden oder umzuziehen. Du findest schon deinen eigenen »Ankerplatz«.

Das fünfte Haus: Haus des Löwen – Sonne

Ausdruckskraft – Vergnügen – Gestaltung – Entwicklung – Kinder

Die Sinne sind ein wichtiges Mittel des Selbstausdrucks. Du liebst die Natur, bist ein guter Beobachter von Naturereignissen. Dein Sinn für Ästhetik macht dich für weltliche Dinge sehr empfänglich. In der Liebe sind dir Treue und Zuverlässigkeit sehr wichtig, ein schnelles Abenteuer ist nicht deine Sache. Um dich zu verlieben, brauchst du mehr Zeit als andere. Kinder gehören auch in dieses Haus – du bist nicht knauserig, du verwöhnst sie gerne.

Vorhersage: Als großer Genießer wirst du Freude an deinem Leben haben, vertraue auf deinen Partner. Bist du auf der Partnersuche, dann benutze dein Köpfchen.

Das sechste Haus: Haus der Jungfrau – Merkur als Abendstern

Bewußte Bedürfnisse – Gesundheit – Arbeit

Du suchst bei der Arbeit physischen Komfort und Sicherheit. Wenn du entsprechend anerkannt und entlohnt wirst, kann man sich auf dich verlassen. Du bist gewissenhaft und arbeitest sorgfältig. Fleiß und Durchhaltevermögen werden dich zu beruflichem und finanziellem Erfolg führen.

Vorhersage: Empfehlenswert sind eine ausgewogene Hausmannskost, ausgedehnte Spaziergänge und ein bißchen Bewegung. Von Natur aus bist du robust.

Das siebte Haus: Haus der Waage – Venus als Abendstern

Wir und sie – Partnerschaft – Mitarbeit – Ehe

In der Partnerschaft suchst du physischen Komfort, Sicherheit, aber auch Frieden und Harmonie. Du bist sehr loyal – traditionelle Werte sind dir sehr wichtig. Als ruhiger Mensch willst du eines Tages ein wohliges Nest für dich und deinen Partner bauen. Kurzlebige Affären oder One-night-stands sind nichts für dich.

Vorhersage: Schätze deine Beziehung, die schon lange hält und die auf Treue und Vertrauen basiert. Du hast dein Glück bereits gefunden. Alle Singles sollten sich Zeit nehmen und einen Partner suchen, der treu, zuverlässig und hingebungsvoll sein kann.

Das achte Haus: Haus des Skorpions – Pluto

Die Werte anderer – Vererbung – Regeneration – Wiedergeburt – Tod

Vorhersage: In deinem Leben strebst du nach Besitz; lerne, mit anderen zu teilen, auch auf nichtmaterieller Ebene.

Damit hast du sehr oft Probleme, du bist zu konservativ und vorsichtig. Öffne dich auch für die Fragen des Lebens, denke über die Geheimnisse des Lebens nach.

Das neunte Haus: Haus des Schützen – Jupiter

Philosophie – Reisen – Religion – Inspiration

Du reist sehr gerne, aber du wünschst dir Komfort und Sicherheit vor und während der Reise. In der Natur geht es dir hervorragend, du beobachtest gerne Naturereignisse und andere Kulturen, und du fühlst dich mit ihnen verbunden. Religion kann für dich interessant sein, aber erst in mittleren Jahren.

Vorhersage: Suche dir für den kommenden Urlaub ein neues Ziel, vielleicht bleibst du an diesem Ort ein bißchen länger.

Das zehnte Haus: Haus des Steinbocks – Saturn

»Die Krone« – Karriere – Machtposition – Anerkennung – Ehre – Berufung

Vorhersage: Komfort und Sicherheit erreicht man meistens durch einen Beruf, manchmal auch durch eine andere interessante Tätigkeit. Neue berufliche Möglichkeiten und Chancen mußt du dir selbst schaffen.

Vorhersage: Es sieht so aus, als ob du den Schlüssel zu deinem Erfolg gefunden hättest. Stabilität und Sicherheit sind dir gewiß.

Das elfte Haus: Haus des Wassermanns – Uranus

Ambitionen – Pläne – Vereinigung – Freundschaften

Vorhersage: Du schätzt Bequemlichkeit, Zufriedenheit und Vergnügen. Als geselliger Mensch möchtest du Spaß am Leben mit deinen Freunden haben. Du bewirtschaftest sie gerne, gehst aber auch gerne aus. Für dich zählen fest verankerte Freundschaften, auf sie kannst du bauen, mit ihnen kannst du rechen. Taten zählen mehr als Worte, sie bestätigen, daß du dich unter wohlgesinnten Menschen bewegst.

Das zwölfte Haus: Haus der Fische – Neptun

Unbewußte Bedürfnisse – seelische Kraft – Abgeschlossenheit

Vorhersage: Ab und zu kannst du dich in freiwillige Isolation begeben. Du mußt in Gedanken und Gefühlen den Kontakt zu dir selbst aufnehmen. Meditiere, um in Ruhe und Harmonie zu gelangen. Im Mystischen kannst du auch Sicherheit suchen und finden.

Karte 36 – Das Kreuz – Kreuz-6

Grundbedeutung: Belastung, Sorge, Last, Prüfung

- darüber: karmisch, schicksalhaft bedingt
- davor: intensiviert
- hinter: löst auf

Das Kreuz besitzt saturnische Eigenschaften. In der Astrologie wird Saturn als »Infortuna maior«, als »großes Unglück« bezeichnet. Uns ist seine trockene, schauerliche Kälte bekannt. Durch ihn erkennen wir unsere Grenzen, wir lernen, unsere Konzentration zu steigern und uns auf uns selbst zu besinnen. Wir werden selbstbewußter, wenn wir unsere Gedanken beherrschen, für unsere Taten einstehen und unser Schicksal meistern sowie die Verantwortung für unser Denken und Handeln übernehmen können.

Kreuz symbolisiert das Element »Erde« und damit das Reale und das Standhafte.

Kreuz-6 sollte ernst genommen werden, das ist die Karte der Prüfung schlechthin. Wir bekommen im Leben immer wieder neue Chancen und müssen von neuem beginnen.

Das erste Haus: Haus des Widders – Mars

Ego – Dasein – die »Persona«, die Maske, die man trägt – die eigene Persönlichkeit

Vorhersage: Die kommende Zeit (vor der Auslegung selbst bestimmen) wird dich nicht verwöhnen, du mußt mit unangenehmen Überraschungen rechnen, die du als Last empfinden wirst. Laß dich nicht davon erschrecken, behalte einen kühlen Kopf, und verlaß dich auf deine innere Stimme. Sie sagt dir, was für dich das Beste ist.

Das zweite Haus: Haus des Stiers – Venus als Morgenstern

Eigene Werte – Besitz – Finanzen

Vorhersage: Was deine Finanzen angeht, bist du immer etwas in Sorge um die Sicherheitsdepots auf deinem Konto, sehr oft hast du Angst, das zu verlieren, was dir wirklich wichtig ist. Jedoch ist diesmal tatsächlich mehr Vorsicht in allen Geschäftsangelegenheiten geboten.

Das dritte Haus: Haus der Zwillinge – Merkur als Morgenstern

Information – Kontakt zu anderen – Austausch – Kommunikation

Vorhersage: Du bist etwas niedergeschlagen und siehst immer zuerst die negative Seite einer Sache. Diese pessimistische Einstellung macht alles noch schlimmer. Es hängt allein von dir ab und von deinen Gedanken, ob du dir einen Himmel auf Erden schaffst oder eine Hölle. Öffne dich mehr für andere.

Das vierte Haus: Haus des Krebses – Mond

Deine Wurzeln – dein Haus – Tradition – Sicherheit

Vorhersage: Diese Stellung bedeutet Sorgfalt im Umgang mit dem Heim und den häuslichen Belangen – die Familie bedeutet dir sehr viel. Vielleicht mußt du schwer um den Familienunterhalt kämpfen oder mit Einschränkungen rechnen, vielleicht hat die Familie eine Last zu tragen. Nimm die Prüfungen des Lebens an, und lerne daraus!

Das fünfte Haus: Haus des Löwen – Sonne

Ausdruckskraft – Vergnügen – Gestaltung – Entwicklung – Kinder

Vorhersage: Setz dich mit der eigenen Kreativität auseinander. Manchmal bist du zu praktisch und zu nüchtern veranlagt. In den Beziehungen machst du es dir zu schwer, ein bißchen mehr Spontaneität wäre erwünscht. Laß in dein Leben ein bißchen Poesie einfließen. Verpflichtungen gegenüber den eigenen Kindern können zu schaffen machen. Vorsicht in der Schwangerschaft und bei der Geburt!

Das sechste Haus: Haus der Jungfrau – Merkur als Abendstern

Bewußte Bedürfnisse – Gesundheit – Arbeit

Vorhersage: Demnächst erfährst du, wie man aus Erfahrungen lernt. Bei der Arbeit läuft es nicht so gut, du kannst deinen Arbeitsplatz verlieren, gemobbt oder gekündigt werden. Mit jeder Lebensprüfung wirst du ein wenig weiser. Laß dich nicht entmutigen, aber vor allem zeige dich von deiner guten Seite. Deine Sorgen können sich dir auf den Magen schlagen, und deine allzu kritische und selbstkritische Lebenseinstellung kann zu chronischen Störungen führen. Lerne, dich zu entspannen, ernähre dich gesund.

Das siebte Haus: Haus der Waage – Venus als Abendstern

Wir und sie – Partnerschaft – Mitarbeit – Ehe

Vorhersage: Du suchst in der Partnerschaft Sicherheit, aber es sieht so aus, als ob du sie nicht findest. Dein Lebenspartner kann dich schwer enttäuschen. In Beziehungen jeder Art mußt du lernen, dich durchzusetzen. Ist deine Einstellung zu Partnerschaft und Zusammenarbeit nicht übermäßig kritisch? Es ist auch möglich, daß deine Beziehung langsam in die Brüche geht, nimm die Angelegenheit ernst, rette, was zu retten ist, kämpfe um deine Liebe.

Das achte Haus: Haus des Skorpions – Pluto

Die Werte anderer – Vererbung – Regeneration – Wiedergeburt – Tod

Vorhersage: Du bist bereit, alles zu verlieren, oder du kannst auf nichts verzichten – dann hast du Probleme loszulassen. Nimm dabei Rücksicht auf Gefahren und die Bedürfnisse oder das Wohlergehen anderer Menschen. Das Recht auf eine Erbschaft kann dir abgesprochen werden, durch Unterhaltszahlungen kannst du viel Geld verlieren, oder du bekommst Probleme mit der Steuer.

Das neunte Haus: Haus des Schützen – Jupiter

Philosophie – Reisen – Religion – Inspiration

Vorhersage: Deine philosophisch-religiösen Ansichten sind eher konservativ. Glaube nicht, daß du alles weißt, man lernt nie aus. Paß auf Reisen gut auf, prüfe ganz genau dein Urlaubsziel, und nimm die politische Lage des Landes, das du besichtigen möchtest, ins Visier. So kannst du einige Schwierigkeiten vermeiden.

Das zehnte Haus: Haus des Steinbocks – Saturn

»Die Krone« – Karriere – Machtposition – Anerkennung – Ehre – Berufung

Vorhersage: Du hast die Fähigkeit, lange und beharrlich für das eigene Ziel zu arbeiten, so kannst du zu praktischen Ergebnissen kommen. Es wird für dich nicht leicht sein, das, was du geplant hast, schnell zu erreichen, aber du bist gut gerüstet. Wenn du dich auf deine Vorhaben konzentrierst und dein Bestes gibst, brauchst du keine Angst vor der Zukunft zu haben.

Das elfte Haus: Haus des Wassermanns – Uranus

Ambitionen – Pläne – Vereinigung – Freundschaften

Vorhersage: Du willst ein komfortables und sicheres Leben führen – wenn du sorgfältig planst, kannst du deine Pläne irgendwann verwirklichen. Rechne nicht mit der Unterstützung deiner Freunde, es kann sein, daß sie dich enttäuschen. Wahre Freunde lernt man in der Not kennen, sagt ein altes Sprichwort – eine Freundschaft kann auf die Probe gestellt werden.

Das zwölfte Haus: Haus der Fische – Neptun

Unbewußte Bedürfnisse – seelische Kraft – Abgeschlossenheit

Vorhersage: Du willst deinem Leben einen neuen Sinn geben, ziehe dich ein bißchen zurück, und lerne dich besser kennen. Du hast ein sehr großes Talent, in aller Ruhe zu arbeiten. Überwinde deine Komplexe, deine Minderwertigkeitsgefühle, und glaube endlich an dich. Lerne aus der Vergangenheit, überwinde alle Ängste und Zweifel.

Lenormand und Astrologie – Zusammenhänge

Bei der gesamten Karten-Deutung kannst du auch folgende Zusammenhänge berücksichtigen:

Karten, die im 1., 5. und 9. Haus stehen, in den sogenannten Feuerzeichen (Widder, Löwe, Schütze), sagen etwas über deinen Charakter, dein Temperament und deine persönliche Entwicklung aus.

Karten, die im 2., 6. und 10. Haus stehen, in den sogenannten Erdzeichen (Stier, Jungfrau, Steinbock), beschreiben deine finanzielle Lage, die Möglichkeiten, Geld zu verdienen und Karriere zu machen.

Karten, die im 3., 7. und 11. Haus stehen, in den sogenannten Luftzeichen (Zwillinge, Waage, Wassermann), bezeichnen deinen Kontakt zu anderen, deine Gedankenwelt, Ideen, Gespräche etc.

Karten, die im 4., 8. und 12. Haus stehen, in den sogenannten Wasserzeichen (Krebs, Skorpion, Fische), sagen etwas über deine Gefühle, Sehnsüchte, die Welt des Geistes und der Seele aus.

Beispiel

Beispiel einer jungen Frau, die das Elternhaus verläßt, um mit ihrem Freund einen neuen Lebensabschnitt zu wagen.

Es wurden folgende Karten gezogen:

Das erste Haus – Der Schlüssel

Du bist loyal, verläßlich, aber nicht risikofreudig. Du willst auf Nummer Sicher gehen, und sehr oft sagst du: »Lieber den Spatz in der Hand als die Taube auf dem Dach.« Hab keine Angst vor der Veränderung. Manchmal muß man etwas riskieren.

Vorhersage: Du kannst ruhig die nächsten Tage oder Monate (die Zeit vor der Auslegung bestimmen!) betrachten. Das Schicksal meint es gut mit dir! Endlich hast du sicheren Boden unter den Füßen.

Bemerkung der Autorin: Katja zieht aus dem Elternhaus aus und schaut ein bißchen unsicher in die Zukunft. Jedoch nimmt »Der Schlüssel« ihr die Angst und schenkt ihr die nötige Sicherheit.

Das zweite Haus – Die Fische

Eigentlich bedeutet Geld dir nicht besonders viel, aber es

beruhigt dich. Du hast bestimmt zu Jahresbeginn eine Fischschuppe in deine Geldbörse gesteckt, nicht wahr? Es sieht danach aus, als ob sich deine Finanzen vermehren werden, vielleicht kommst du unerwartet zu Geld (prüfe das achte Haus, das für Erbschaften verantwortlich ist), oder du bekommst eine Gehaltserhöhung.

Vorhersage: Keine Geldsorgen – im Gegenteil: Du kannst mit einem Geldsegen rechnen. Die Fischekarte kann über die Summe nichts sagen. Es hat in diesem Fall auch keinen Sinn, eine andere Karte zu befragen.

Bemerkung der Autorin: Katja ist bescheiden, das Geld, das sie in der Ausbildung bekommt, reicht ihr vollkommen – deswegen braucht sie sich keine Sorgen zu machen.

Das dritte Haus – Der Fuchs

Hier befindest du dich im Bereich der Mentalität und Einstellung, der ganz persönlichen Sitten und Gebräuche. Beim Austausch mit anderen bist du nicht immer aufrichtig, sehr oft bist du in deinen Äußerungen indiskret, sarkastisch und zickig. Manchmal erfährst du die Unaufrichtigkeit auch von der anderen Seite.

Vorhersage: Halte deine Versprechen und stehe zu Vereinbarungen, spiele ein faires Spiel. Um Sorgen zu vermeiden, sollen alle Studierenden das Lernen ernst nehmen. Sei vorsichtig in deinem Bekanntenkreis, es gibt Personen, die nicht besonders gut zu dir passen.

Bemerkung der Autorin: Tatsächlich sollte Katja im Umgang mit anderen vorsichtiger sein und auf einige Kontakte verzichten.

Das vierte Haus – Die Sense

Deine geistige Unabhängigkeit macht dich nicht immer beliebt – Mißverständnisse, Zwistigkeiten mit Familienmitgliedern sind programmiert. Es ist auch möglich, daß du plötzlich die Wohnung wechselst, oder du nimmst andere Veränderungen im häuslichen Bereich vor. Es ist immer ratsam, das Haus oder die Wohnung zu versichern. Du kannst auch mit negativen Nachrichten rechnen, die eine Krankheit oder andere Sorgen betreffen.

Bemerkung der Autorin: Die Familie trauert, der Opa ist plötzlich gestorben.

Das fünfte Haus – Die Sonne

Du bist ein großer Genießer des Lebens, willst mit Freunden Spaß haben, geliebt, bemerkt und geschätzt werden. Deine vitale Energie, Wärme, Großzügigkeit und Kreativität schreien nach Selbstausdruck. Suche dir kreative Hobbys, in denen du dich ausleben kannst.

Vorhersage: Du hast viele Gelegenheiten, einen Partner zu finden oder heiße Liebesaffären zu haben. Flirte, was das Zeug hält. Ansonsten: Es ist höchste Zeit, an Nachwuchs zu denken. Hast du schon Kinder, dann wirst du viel Freude mit ihnen haben.

Bemerkung der Autorin: Sie hat schon einen passenden Partner gefunden. Sie genießt das Leben in vollen Zügen.

Das sechste Haus – Der Sarg

Du bist immer auf der Suche nach dem Erhabenen, dem Außerordentlichen - ein armseliges Leben kannst du dir nicht vorstellen.

Vorhersage: Diesmal bleibe auf der Hut, im Beruf lauern Gefahren. Du kannst deinen Arbeitsplatz verlieren, bedenke jedoch: Jedes Ende ist immer mit einem Neuanfang verbunden. Manchmal kündigt sich so eine neue Lebensphase an. Nimm alles nicht zu ernst. Schenke deiner Gesundheit auch mehr Aufmerksamkeit, so kannst du vielen Krankheiten vorbeugen. Vermeide Drogen, Alkohol und Zigaretten!

Bemerkung der Autorin: Katja hat die Schule abgeschlossen, und nach ihrem Urlaub fängt sie eine Ausbildung an. Somit hat sich bei ihr eine neue Lebensphase angemeldet. Außerdem gibt das sechste Haus auch Informationen über Haustiere. Der Familienfreund, Hund Bella, ist gestorben, das hat sie sehr traurig gestimmt.

Das siebte Haus – Die Sterne

Das ist eine wunderbare Stellung, wenn es um die Heirat geht. Also heirate gerade jetzt, denn die Sterne meinen es gut mit dir. Die Partnerschaft gibt dir die Möglichkeit, dich zu entfalten. Du wirst das Leben zu zweit genießen, sogar in einer lange bestehenden Beziehung – die Liebe kann neu erblühen. Wenn du solo bist, wirst du glückliche Verbindungen eingehen, die auch länger bestehen können. Sehr gute Verbindungen sind auch im beruflichen Bereich angesagt. Zeigst du dich spontan, warmherzig und sympathisch, dann begegnest du Menschen, die zu dir passen und mit denen du dich gut verstehst.

Bemerkung der Autorin: Die junge Frau lebt glücklich seit einem Jahr mit ihrem Freund zusammen, eine wunderschöne Zeit steht den beiden vor, sie beziehen jetzt eine gemeinsame Wohnung.

Das achte Haus – die Blumen

Durch eine Heirat kannst du finanzielle Vorteile erzielen. Im Lichte dieser Karte spricht man sehr oft von einem Gewinn durch die Ehe, durch Erbschaften, reiche Geschenke und sogar durch den Tod. Regenerationsfähigkeit beruht auf einem Gleichgewicht und wird von einem klaren Verstand unterstützt. Erlaube nicht, daß intensive Emotionen die Oberhand gewinnen.

Bemerkung der Autorin: Für die neue Lebensphase zu zweit

hat ihre Familie sie reichlich beschenkt. Sie bekam nicht nur neue Möbel, sondern auch viele andere wertvolle Dinge.

Das neunte Haus – Der Mond

Du hast eine sehr starke, empfängliche Intuition und bist spirituell veranlagt. Eigentlich bist du für alles empfänglich, willst deinen sozialen, geistigen, geographischen Horizont erweitern und deine gesunde Neugierde befriedigen. Das kann dir durch weite Reisen ermöglicht werden. Es ist möglich, daß du im Ausland Kontakte knüpfst, die für dein weiteres Leben von Bedeutung sind. Du kannst dich auf unbekannte Erlebnisse einlassen.

Bemerkung der Autorin: Sie hat keine Reise geplant, jedoch wußte sie nicht, daß sie zu einer Hochzeit in einem fremdes Land eingeladen würde. Somit kann sie sich ruhig auf unbekannte Erlebnisse einlassen.

Das zehnte Haus – Das Buch

Dank hervorragender Eigenschaften wie deiner Intelligenz und deiner Vielseitigkeit kannst du berufliche und finanzielle Unabhängigkeit erlangen. Die Buchkarte kann hier für alle anderen Bücher stehen wie Schulbücher, Studienbücher, Finanzbücher etc. Das Buch ist das Symbol des Wissens, und Wissen kann zu Macht werden – die Buchkarte hält dir das vor Augen.

Schleife an deinem Projekt und an deiner Aufgabe wie an einem rohen Diamanten. Es lohnt sich!

Bemerkung der Autorin: Ihre Ausbildung dauert drei Jahre, und sie muß fleißig lernen und sich in ihre Bücher vertiefen. Sie weiß, daß es eine gute Investition für ihre Zukunft ist.

Das elfte Haus – Die Wolken

Beziehungen und Freundschaften sind oft von Mißtrauen geprägt. Diesmal werden sie auf die Probe gestellt – die wahren Freunde erkennt man in der Not. Manche Enttäuschung kann wirklich weh tun, das bekommst du im Lichte dieser Karte zu spüren. Dein Vertrauen wird enttäuscht, ein Wort nicht gehalten, ein Versprechen wird gebrochen. Du fühlst dich ausgenutzt und betrogen. Deine Zukunftspläne müssen nochmals durchdacht und geändert werden.

Bemerkung der Autorin: Einige Freundschaften müssen auseinandergehen, das hat sie selbst bestätigt.

Das zwölfte Haus – Die Lilie

Du mußt Kontakt zu deiner inneren Führung herstellen. Du kommst durch die eigenen Emotionen und durch die Familie zur Selbsteinkehr. In der Ruhe deines Hauses und der Geborgenheit deiner Familie kannst du dich wieder neu entdecken. Die Mystik gibt dir das Gefühl der Sicherheit. Bleibe optimistisch und vertraue auf deine Familie.

Bemerkung der Autorin: Katja pflegt einen engen Kontakt zu ihren Eltern, sie genießt die erste eigene Wohnung. Das macht sie stark und selbstbewußt.

Kontakt:

iwonaporozynski@hotmail.com.

www.iwona-porozynski.de

Folgende Bücher aus dem Schirner Verlag könnten Sie ebenfalls interessieren:

Anne L. Biwer
Die Lenormand-Karten
Deutungen und Legemethoden
173 S., 154 s/w-Abb., Paperback
E 10,50 [D]/sFr 18,40
ISBN 3-930944-96-0

Vorgestellt werden alle 36 Karten aus vier verschiedenen Kartendecks nebst ihren verschiedenen Deutungsebenen. Außerdem finden Sie hier alle geeigneten Legemethoden: Keltisches Kreuz, Fragespiel, Wegweiser, Großes Bild und – ganz neu – der Karmaspiegel, eine Legeform zur Ermittlung des Karmaeinflusses auf das gegenwärtige Leben.

Anne L. Biwer
Wahrsagen mit Spielkarten
Deutungen und Legemethoden
176 S., zahlreiche s/w-illustriert
ISBN 3-89767-130-1

Dieses Buch stellt die ursprüngliche Version mit 52 Karten plus Joker vor. Erläutert wird zunächst die Bedeutung der Farben, Kreuz, Pik, Karo und Herz, und anschließend jede Karte einzeln durch Schlüsselwörter, einen kurzen Kommentar und einigen besonders bedeutungsvollen Kombinationen mit anderen Karten.

Anne L. Biwer
Die Kipper-Wahrsagekarten
Deutungen und Legemethoden
192 S., s/w-illustriert
ISBN 3-89767-113-1

Mit den Kipperkarten kann jeder Interessierte das Kartenlegen erlernen! Die beschrifteten Karten sprechen zeitlose Probleme an, die Bilder wirken fast durchweg freundlich und wekken keine Ängste. Und so sind auch die Antworten, die dem Fragesteller gegeben werden können, deutlich und positiv.

Anne L. Biwer
Zigeuner-Wahrsagekarten
Kartenlegen für Einsteiger
153 S., s/w-illustriert
ISBN 3-930944-68-5

Die Zigeuner-Wahrsagekarten sind ein sehr altes Volksorakel, das bis heute gern verwendet wird, da es durch die klare Bildsprache der Karten zu deutlichen Aussagen führt. So eignen sich die Karten ganz besonders für Menschen, die gerade mit dem Kartenlegen beginnen, und für Fragesteller, die eine eindeutige Antwort bevorzugen.